Conversat[illegible] GERMAN

POINTS OF DEPARTURE

FIFTH EDITION

Nancy Decker
Rollins College

Frank Sedwick

Heinle & Heinle Publishers, Inc.
Boston, Massachusetts 02116, U.S.A.

Publisher: Stanley J. Galek
Editorial Director: Kristin Swanson
Assistant Editor: A. Marisa French
Production Manager: Erek Smith
Production Coordinator: Patricia Jalbert
Internal text design: Mia Saunders
Cover illustration and design: Jean Craig-Teerlink
Illustrations: Cary
Additional illustrations for this edition: Len Shalansky

20 Park Plaza, Boston, MA 02116 U.S.A.

Manufactured in the U.S.A.

ISBN: 0-8384-1717-5

10 9 8 7 6 5 4 3 2 1

Preface

CONVERSATION IN GERMAN: POINTS OF DEPARTURE, FIFTH EDITION, is designed for conversation and composition on nearly any level, even as early as the second semester of German. The difference among levels will lie in the degree of syntactic sophistication and richness of vocabulary in the student's response.

The Fifth Edition contains fifty-two scenes, grouped arbitrarily. The scenes represent everyday situations, experiences, and types of people to which the students can relate. Where differences of custom exist, many of these are either evident in the picture itself or are noted in the textual material; the instructor may want to supply others. We have eliminated two topics from the previous edition and added three new units from earlier editions (*"Im Zoo", "Freiluftbeschäftigungen,"* and *"Der Hafen")* and their accompanying illustrations. Most units and their illustrations have been updated to reflect changes in custom, dress, and the cost of living. Most important, to every unit we have added a new and creative type of exercise called *"Sich Vorstellen und Diskutieren."*

CONVERSATION IN GERMAN is designed for flexibility and simplicity. Begin anywhere. Skip around among the units, backward or forward, as you wish. No progressive degree of difficulty is intended and no unit depends on any other. The specific vocabulary for each scene is self-sustaining for the lesson, so that there is no need for a vocabulary at the end of the book. Omit whatever units may not be pertinent to the condition or interests of the class. One scene and its apparatus, if pursued in their entirety, easily provide sufficient material for a one-hour class.

The title of the book with its reference to "points of departure" suggests the expansive way in which the various scenes should be used, with free and inventive response to pictorial suggestion. All of the situations are as modern, universal, and youth-oriented as possible and are cast into a series of questions and exercises whose aim is to expand conversations from, rather than limit them to, the picture at hand.

Each unit has a picture, a word list pertinent to that picture, a set of questions analyzing the picture, a set of "points of departure" questions utilizing the given vocabulary but not necessarily the picture, three suggested topics for discourse or composition, and a role-play situation designed to promote creative language practice. This last exercise, called *"Sich Vorstellen und Diskutieren,"* is devised to enhance the flexible nature of the book and is new to the Fifth Edition. The materials assume that students have been exposed to basic German grammar and have at their command a fundamental vocabulary (although an appendix of numbers, verb tenses, and irregular verbs is useful at any level, and so is included here). The commonest words are taken for granted. Depending on the degree of intensity with which the book is used, it may be helpful for students to have a dictionary.

The word list in each lesson always includes three groupings: (1) verbs; (2) adjectives and expressions; (3) nouns. Every word in the list is used somewhere in the exercises or its use is occasioned somewhere in the most likely answers to the questions. A few users of past editions have suggested an alphabetization of this list. We have preferred not to do this for several reasons, mainly that all groupings in each list are logical and orderly as they stand, and not at all haphazard. Alphabetization would not facilitate reference in *"Der Kalender"* lesson, for example, where the days of the week are conveniently grouped, as are holidays. Another example is the grouping of eating utensils for easy recognition and association with one another in the unit on *"Der gedeckte Tisch."* Besides, alphabetization would create some awkward, even comical, sequences of words.

With the exception of common words, all questions use only the vocabulary of their own unit, as do the simplest form of their possible replies. The questions always total twenty, divided between the two types, *"Analyse der Zeichnung"* and *"Ausgangspunkte."* No question is answerable only by "yes" or "no," though many of the first set of questions can be answered briefly. The *"Ausgangspunkte"* questions require more thoughtful replies, in many cases rather detailed ones. Preparation of the responses to the questions may be either written or oral but should be done outside the classroom. Additional questions will occur to the instructor as the class is in progress, for it is through spontaneous repartee that the aim of this book is accomplished.

The three topics for written or oral discourse in *"Diskussionsthemen"* may be corrected either orally in class or handed to the instructor for individual annotation. Each student should choose one theme, because not all of the three topics in any given lesson will appeal to or be answerable by everybody. Of the three topics, there is always at least one that requires little imagination or linguistic accomplishment, and another one calculated to challenge the ingenuity of the best student. The list of words of any given unit is normally sufficient to meet the needs of at least one of these themes. Themes written in the first person do not necessarily have to be true, for at all times students are urged to combine imaginative inventiveness with linguistic skills and the vocabulary at their disposal.

The new and final exercise, *"Sich Vorstellen und Diskutieren,"* presents a problem in English that students must act out and solve creatively in German. The situation is based on a language function and incorporates the theme and vocabulary of the lesson. This exercise is best done in pairs or small groups and should be prepared beforehand, so that students can think it through. Each pair or group should be encouraged to present the solution to the class. This sort of *commedia dell'arte* can be entertaining and convert a reticent class into a lively one.

We acknowledge with thanks the comments and suggestions of the many users of earlier editions who have taken the time to let us know about their classroom experiences with CONVERSATION IN GERMAN. This book was originally written in 1968 and published in 1969 with a print order of only two thousand copies—which sold out in a couple of weeks. The same book, updated through the years like this Fifth Edition, is now en route to a million copies in its five languages. Few foreign-language textbooks have proved so durable, so it is time to thank you for sharing our notion of how to approach a conversation-composition class.

Vocabulary Note

Throughout the unit vocabularies, noun plurals are given as follows: **die Auskunft, ¨e** (indicating the nominative plural **Auskünfte**); **der Schuh, -e** (indicating the nominative plural **Schuhe**); **das Fenster, -** (indicating that the nominative plural is the same as the nominative singular). If a plural is irregular, the form is given: **das Gymnasium, Gymnasien; das Podium, Podien.** If there is no plural or the plural is rare, none is indicated. Nouns that are normally used only in the plural are so annotated. Female equivalents of masculine nouns are indicated by "*f.* **-in.**" The plural is always **-innen**. Thus, "worker **der Arbeiter, -;** *f.* **-in**" indicates that the female form is **die Arbeiterin**, the plural **die Arbeiterinnen**. If the feminine is irregular, the form is given.

The genitive of nouns is given only for masculine and neuter nouns forming their genitive in **-e(n)** or **-(e)ns: der Student, -en, -en; das Herz, -ens, -en**.

Principal parts are given for all irregular (strong) verbs in the appendix. Separable prefixes are indicated in the vocabulary lists as follows: **nach•schlagen**. To determine the conjugation of verbs with either separable or inseparable prefixes, users should look up the principle parts of the root verb (e.g. for **nachschlagen** look up **schlagen**; for **verbinden** look up **binden**).

The introductory vocabulary (**An die Studenten**) also includes all the features mentioned above. Students will, therefore, find both the introductory vocabulary and the various unit vocabularies easier to work with.

Inhaltsverzeichnis

An die Studenten

Nachstehend finden Sie eine Liste von Wörtern, die in den folgenden Kapiteln oft vorkommen. Sie werden hier angegeben, um allzu häufige Wiederholung zu vermeiden. Viele dieser Wörter kennen Sie bereits. Sollten Sie sie noch nicht kennen, dann ist es ratsam, sie jetzt zu lernen, denn sie werden in keiner der Wortlisten angegeben. Weiterhin ist es empfehlenswert, die Zeitformen der Verben, die häufigsten unregelmäßigen Verben und die Zahlen zu wiederholen, die alle im Anhang zu finden sind.

an•hören to listen (to)
an•nehmen* assume, suppose
auf•zählen to name, enumerate
bedeuten to mean
sich befinden* to be located
im Begriff sein* + (zu + *inf.)* to be about to
begründen to explain, justify
bekommen* to receive, get
benutzen, benützen to use
beruhen (auf + *dat.***)** to rest (on), be based (on)
beschreiben to describe
(be)zahlen to pay
brauchen to need
dar•stellen to portray, describe
dienen (als, zu) to serve (as, to)
erhalten* to receive, get
erklären to explain
erläutern to explain, clarify
erkennen* (an + *dat.***)** to recognize, know (by)
erwarten to expect
essen* to eat
sich freuen (über + *acc.***)** to be happy (about)
gebrauchen to use
gefallen* to please
gern haben* (lieber haben*) to like (prefer)
geschehen* to happen
sich (hin)setzen to sit down
hoffen to hope
kosten to cost
leben to live
lesen* to read
meinen to mean, think
nennen* to name
scheinen* to seem
schließen* (aus + *dat.***)** to conclude, infer (from)
schreiben* to write
statt•finden* to take place
teil•nehmen* to participate
tragen* to wear; to carry
übersetzen to translate
vermuten to assume, suppose
verstehen* (unter + *dat.***)** to mean (by)
vor•ziehen* to prefer
wohnen to reside, live

der Abend, -e evening
die Ähnlichkeit, -en similarity
der/die Angestellte, -n, -n employee, clerk
die Art,-en kind, type
die Beschreibung, -en description
das Bild, -er picture
das Ding, -e thing, object
die Forsetzung, -en continuation
der Gegenstand, ¨-e object, article
der Grund, ¨-e reason
der Hintergrund, ¨-e background
der Junge, -n, -n boy
das Kind, -er child
das Mädchen,- girl
die Nacht, ¨-e night
der Nachteil, -e disadvantage
der Ort, -e place
die Person, -en person
die Pflicht, -en duty
der Platz, ¨-e place *(spot)*
das Problem, -e problem
die Stelle, -n place *(spot)*
die Sorte, -n kind, type
der Unterschied, -e difference
die Vereinigte Staaten the United States
der Vordergrund, ¨-e foreground
der Vorteil, -e advantage
die Zeichnung, -en drawing

ähnlich similar
alt old
amerikanisch American
außer (+ *dat.***)** besides, in addition to
außerdem *(adv.)* besides
ausgezeichnet excellent
berühmt famous
beziehungsweise (bzw.) respectively
europäisch European
danke (sehr) thanks (very much)
dann then, afterwards
erstklassig first-class
genug sufficient
gerade just now *(time)*
(sehr) gern gladly, with pleasure
gleich right away, immediately
groß large; tall *(people)*
heiß hot
heute today
hinten *(adv.)* behind
hinter (+ *dat.***)** behind
im allgemeinen in general
insofern als inasmuch as
inwiefern in what respect, to what extent
jung young
kalt cold
klein small; short *(people)*
kurz short
lang long
langsam slow
leicht easy; light
links (linkshändig) left (left-handed)
mündlich orally
müde tired
neu new
normal usual, normal
normalweise usually
oben *(adv.)* above
oberhalb (+ *gen.***)** above
rechts (rechtshändig) right (right-handed)
schnell fast
schriftlich written
schwer hard (difficult); heavy; serious *(illness)*
typisch typical
überhaupt in general; anyway
unter (unterhalb + *gen.***)** under, below; among
usw. (und so weiter) etc.
vielen Dank (nichts zu danken) thanks a lot (you are welcome)
vor *(dat.)* in front of
vorne *(adv.)* in front of

to dial a number **eine Nummer wählen**
to look up (number) **nach•schlagen***
to telephone *(call, make a call)* **telefonieren (mit), an•rufen***
to dial direct **direkt wählen**
to call "collect" **ein „R"-Gespräch an•melden („R"-Gesprach = Rück-Gespräch)**
to call long distance *(via operator)* **ein Ferngespräch an•melden**
to put through; to connect **verbinden*, die Verbindung her•stellen**
to make a long distance call **ein Ferngespräch führen**
to dial the wrong number **die falsche Nummer wählen, sich verwählen**
to pick up the receiver **den Hörer ab•nehmen***
the line *(number)* is busy **die Leitung (Nummer) ist besetzt**
to hang up **auf•legen**
to cut off **unterbrechen***
to ask (a question) **fragen, eine Frage stellen**
to ask *(make a request)* **bitten* (um)**
to ring **läuten**
to answer (telephone) **ans Telefon gehen***
to happen **passieren, geschehen**

attached **angebracht**
sure **sicher**
hello! **hallo!**
busy **besetzt**
local **hiesig, Orts-...**
via **per**
speaking! **am Apparat!**

telephone **das Telefon, -e; der Fernsprecher, -**
receiver **der Hörer, -**
pay *(public)* telephone **der öffentliche Fernsprecher, -**
telephone call **der (Telefon) Anruf, -e**
local call **das Ortsgespräch, -e**
long-distance call **das Ferngespräch, -e**
station-to-station call **das Ferngespräch ohne Voranmeldung**
person-to-person call **das Ferngespräch mit Voranmeldung**
operator **der Telefonist, -en, -en; *f* -in**
information **die Auskunft, ⸚e**
telephone booth **die Telefonzelle, -n**
phone book, directory **das Telefonbuch, ⸚er**

telephone bill **die Telefonrechnung, -en**
telephone number **die Telefonnummer, -n**
area code **die Vorwahl, -en; die Vorwählnummer, -n**
line *(telephone)* **die Leitung, -en**
party line **der Gemeinschaftsanschluß, ⸚sse**
private line **der Einzelanschluß, ⸚sse**
dial tone **das Freizeichen, -**
telephone exchange **die Telefonzentrale, -n; das Fernsprechamt, ⸚er**
conversation **das Gespräch, -e**
minute **die Minute, -n**
charge **die Gebühr, -en**
minimum charge **die Mindestgebühr -en**
cord, wire **die Schnur, ⸚e or -en**

Am Telefon

1

Analyse der Zeichnung

1. Wer hat wen angerufen? Begründen Sie Ihre Antwort!
2. Von was für einem Telefon macht der junge Mann den Anruf?
3. In welcher Hand hält das Mädchen den Hörer? Und der junge Mann? Wo ist die andere Hand des jungen Mannes?
4. Beschreiben Sie das Telefongespräch!
5. Warum ruft der junge Mann wohl nicht von zu Hause an?

Ausgangspunkte

6. Was ist Ihre Telefonnummer zu Hause?
7. Wieviele Ziffern hat die Vorwählnummer?
8. Warum kostet ein Ferngespräch mit Voranmeldung mehr als ein Ferngespräch ohne Voranmeldung?
9. Wer müssen Sie anrufen, um ein Ferngespräch anzumelden, wenn Sie nicht direkt wählen können?
10. Wieviel kostet ein Ortsgespräch?
11. Was machen Sie, wenn Sie eine Nummer gewählt haben und die Leitung besetzt ist?
12. Was tun Sie, wenn Sie während eines Gesprächs unterbrochen werden?
13. Beschreiben Sie ein Telefonbuch und was darin steht!
14. Ziehen Sie einen Gemeinschaftsanschluß oder einen Einzelanschluß vor? Warum?
15. Was ist eine Telefonzentrale?
16. Was tun Sie, wenn Sie jemand anrufen wollen und die Nummer nicht wissen?
17. Wen kennen Sie, der die Gebühren eines Ferngesprächs übernehmen würde, wenn Sie ihn per „R"-Gespräch anrufen würden?
18. Wann hört man das Freizeichen?
19. Wann ist ein Ferngespräch ohne Voranmeldung billiger?
20. Wieviele Minuten können Sie ein Ferngespräch für die Mindestgebühr führen?

Diskussionsthemen

1. Meine Eltern und die Telefonrechnung.
2. Wie man ein „R"-Gespräch anmeldet.
3. Ein Telefongespräch.

Sich Vorstellen und Diskutieren

From a telephone booth in San Francisco, a person has placed a long-distance call to 306-555-1478. When the number rings, someone in Florida picks up the receiver and says, "Hello." At this instant the call is cut off. The caller then dials the operator.

Enact the described situation in German.

to prefer (+ *verb*) **lieber (+ *verb*)**
to play **spielen**
to hang (*intrans.*) **hängen**
to study **studieren, lernen**
to sit **sitzen**
to lie **liegen***
to ski **Ski laufen*; Ski fahren***
to smoke **rauchen**

typical **typisch**
at the same time **gleichzeitig**
approximately **ungefähr**
neat, clean **ordentlich, sauber**
untidy, dirty **unordentlich, schmutzig**
quiet **ruhig**
noisy **laut**
ever **je**

room (*habitation*) **das Zimmer, -; der Raum, ⸚e**
dormitory **das Studentenheim**
roommate **der Zimmerkollege, -n, -n; die Zimmerkollegin, -nen**
bookcase **das Bücherregal, -e**
bookshelf **das Bücherbrett, -er**
desk **der Schreibtisch, -e**
book **das Buch, ⸚er**
notebook **das Heft, -e; das Notizbuch, ⸚er**
pencil **der Bleistift, -e**
poster **das Plakat, -e**
key **der Schlüssel, -**
key ring **der Schlüsselbund, -e**
cigarette **die Zigarette, -n**
cigarette butt **der Zigarettenstummel, -; die Kippe, -n**
pack (of cigarettes) **die Schachtel, -n**
(cigarette) lighter **das Feuerzeug, -e**
ash tray **der Aschenbecher, -**
radio **das Radio, -s**
lamp **die Lampe, -n**
light **das Licht, -er**
wrist **das Handgelenk, -e**
wristwatch **die Armbanduhr, -en; die Uhr, -en**
(beer) can **die (Bier) Dose, -n**
guitar **die Gitarre, -n**
bed **das Bett, -en**
blanket **die Decke, -n**
chair **der Stuhl, ⸚e**
glasses **die Brille, -n**
wall (*inside*) **die Wand, ⸚e**
window **das Fenster, -**
windowsill **die Fensterbank, ⸚e**
ski **der Ski (*Schi*), -er**
winter **der Winter, -**
snow **der Schnee**
life **das Leben, -**
time **die Zeit, -en**
arm **der Arm, -e**

Zimmerkollegen

2

Analyse der Zeichnung

1. Welcher der beiden Zimmerkollegen lernt gerade?
2. Welcher Zimmerkollege spielt Gitarre?
3. Was liegt auf dem Schreibtisch?
4. Was sehen Sie auf der Fensterbank?
5. Was steht vor der Fensterbank?
6. Wer hat einen Bleistift, und wo ist er?
7. Woran erkennen Sie, daß es Nacht und nicht Tag ist?
8. Wo hängen die Plakate? Beschreiben Sie sie!
9. Was tun die beiden Studenten mit ihren Händen?
10. Wer hat eine Uhr, und wo ist sie?
11. Woran erkennen Sie, daß jemand gerade geraucht hat?
12. Einige Bücher liegen auf dem Schreibtisch. Wo sind noch mehr Bücher?

Ausgangspunkte

13. Können Sie Radio hören und gleichzeitig lernen? Begründen Sie Ihre Antwort!
14. Ungefähr wieviel kostet eine Schachtel Zigaretten?
15. Was liegt auf Ihrem Schreibtisch?
16. Lernen Sie lieber am Tag oder in der Nacht? Warum?
17. Haben Sie Plakate an der Wand Ihres Zimmers? Beschreiben Sie sie! Wenn Ihre Antwort „nein" ist, warum haben Sie keine?
18. Können Sie dort, wo Sie wohnen, Ski laufen? Wenn nicht, warum nicht?
19. Glauben Sie, daß das Bild für ein Zimmer in einem Studentenheim typisch ist? Warum? Warum nicht?
20. Beschreiben Sie jemand, den Sie kennen und der Gitarre spielen kann!

Diskussionsthemen

1. Das Leben im Studentenheim.
2. Mein Zimmer im Studentenheim.
3. Wie man (nicht) studieren soll.

Sich Vorstellen und Diskutieren

Two friends who room together and usually get along well have started an argument about study-time and annoying personal habits. One objects to the other's guitar-playing during study-time and failure to keep the room clean. The other is annoyed by the radio and the cigarette smoke. At this point two of their friends appear in the open doorway.

Enact the described situation in German.

to look at oneself (in the mirror) **sich (im Spiegel) betrachten**
to hang (*intrans.*) **hängen***
to hang (*trans.*) **auf•hängen**
to mark the hem **den Saum ab•stecken**
to put up one's hair **die Haare wickeln**
to dry **trocknen lassen***
to measure **messen***
to wear **tragen***
to remind **erinnern**
to remember **sich erinnern (an + *acc.*)**
to look at **an•sehen*; an•schauen**
to put up **an•bringen**
(not) to get along well **sich (nicht) gut verstehen***
to take a long time **lange brauchen**
to be silent **schweigen***

useful **nützlich, praktisch**
intended **gedacht**
tall **groß**
flat **flach**
together, with each other **zusammen; miteinander**
Come in! **Herein!**

roommate **der Zimmerkollege, -n, -n; die Zimmerkollegin, -nen**
meter **der Meter, -**
centimeter **der Zentimeter, -**
yard **das Yard, -(s)**
yardstick, tape measure **das Metermaß, -e**
inch **der Zoll, -**
phonograph **der Plattenspieler, -**
phonograph record **die (Schall)Platte, -n**
tape recorder **der Kassettenrekorder, -**
desk **der Schreibtisch, -e**
envelope **der (Brief)Umschlag, ¨-e**
stationery **das Briefpapier**
letter **der Brief, -e**
dress **der Kleid, -er**
hem **der Saum, ¨-e**
shoe **der Schuh, -e**
sandal **die Sandale, -n**
object **der Gegenstand, ¨-e**
(women's) slacks **die (Damen)Hose, -n**
stocking, sock **der Strumpf, ¨-e**
pantyhose **die Strumpfhose, -n**
coat hanger **der Kleiderbügel, -**
zipper **der Reißverschluß, ¨-sse**
hair **das Haar, -e**
curler **der Lockenwickler, -**
pin **die Stecknadel, -n**
pin box **die Nadeldose, -n**
mirror **der Spiegel, -**
door **die Tür, -en**
sofa, couch **das Sofa, -s**
curtain **die Gardine, -n; der Vorhang, ¨-e**
lamp **die Lampe, -n**
window **das Fenster, -**
floor **der (Fuß)Boden, ¨-**
dormitory **das Wohnheim für Studentinnen, die Wohnheime...**
room (*habitation*) **das Zimmer, -; der Raum, ¨-e**
room (*space*) **der Platz, ¨-e**
photograph **das Foto, -s**
bulletin board **das Anschlagbrett, -er**
notice **die Notiz, -en**
mouth **der Mund, ¨-er**
foot **der Fuß, ¨-e**
life **das Leben, -**
(indoor) plant **die (Zimmer)Pflanze, -n**

Zimmerkolleginnen

3

Analyse der Zeichnung

1. Was macht die Studentin, die Nadeln im Mund hat?
2. Warum liegt die Nadeldose auf dem Boden?
3. Wozu wird das Metermaß benutzt?
4. Wo ist der Spiegel, und wer betrachtet sich darin?
5. Wieviele Studentinnen wohnen Ihrer Ansicht nach in diesem Zimmer zusammen?
6. Wer trägt eine Hose? Wer trägt Sandalen? Wer trägt Schuhe?
7. Wo befinden sich einige Bücher?
8. Was tut die Studentin am Schreibtisch?
9. Wieviele Fotos sieht man, und wo sind sie?
10. Welche Gegenstände kann man zwischen der Tür und der Lampe sehen?
11. Wo hängt der Kleiderbügel? Warum hängt er dort?
12. Halten Sie dieses Bild für ein typisches Zimmer in einem Wohnheim für Studentinnen? Warum (nicht)?

Ausgangspunkte

13. Nur für Studentinnen: Wann tragen Sie eine Hose und wann ein Kleid?
14. Wie lange brauchen Sie, um Ihre Haare zu wickeln? Ihr Haar zu trocknen?
15. Wozu dient ein Anschlagbrett?
16. Wann und an wen schreiben Sie Briefe?
17. Können Sie den Saum eines Kleides selbst ändern? Machen Sie Ihre Kleider jetzt länger oder kürzer?
18. Wieviel Zoll hat ein Fuß; wieviel Fuß hat ein Yard?
19. Wie groß sind Sie?
20. Wie groß sind Sie in Metern und Zentimetern? (1 Meter = 3,28 Fuß; 1 Zentimeter = 0,39 Zoll)

Diskussionsthemen

1. Mein Zimmer im Wohnheim für Studentinnen.
2. Das Leben mit meiner Zimmerkollegin.
3. Wie man einen Saum absteckt.

Sich Vorstellen und Diskutieren

Three roommates, who get along well but need more space, are discussing how to arrange their possessions and the objects in the room to make it more livable. Suddenly, there is a knock at the door.

Enact the described situation in German.

to register for a course (*series of lectures*) **eine Vorlesung belegen**
to attend class (*university*) **die Vorlesung besuchen**
to lecture **eine Vorlesung halten***
to demonstrate **vor•führen**
to teach **unterrichten**
to take notes **sich Notizen machen**
to study **studieren, lernen**
to pass (an exam) **bestehen***
to take an exam **eine Prüfung ab•lgen**
to fail **(bei einer Prüfung, in einem Fach) durch•fallen***
to differentiate **sich unterscheiden***
to be interested (in) **sich interessieren (für +** *acc.***)**
to stand with one's back to **mit dem Rücken zu (+** *dat.***) stehen***

Spanish **spanisch**
English **englisch**
German **deutsch**
French **französisch**
high **hoch**
low **niedrig**
facing **gegenüber (+** *dat.***)**
favorite **Lieblings...**
least of all **am wenigsten** (*superl. of* **wenig**)
dissatisfied **unbefriedigt**

lecture hall **der Hörsaal, -säle**
education **die Ausbildung**
student **der Student, -en, -en;** *f.* **-in**
professor **der Professor, -en;** *f.* **-in**
college, university **die Hochschule, -n; die Universität, -en**
high school **die Oberschule, -n; die höhere Schule, -n; das Gymnasium, Gymnasien**
instruction, teaching (*below college*) **die (Unterrichts)Stunde, -n**
classroom **das Klassenzimmer, -**
course (*univ.*), lecture **die Vorlesung, -en; das Seminar, -e**
subject of studies (*univ.*) **das (Studien)Fach, ¨er**
major, main field **das Hauptfach, ¨er**
bench **die Bank, ¨e**
blackboard **die Tafel, -n**
chalk **die Kreide, -n**
model, mock-up **das Modell, -e**
anatomy **die Anatomie**
lecture hall for anatomy **der Anatomiesaal, ... -säle**
skull **der Schädel, -**
architecture **die Architektur**
engineering **das Ingenieurwesen**
literature **die Literatur, -en**
writer **der Schriftsteller, -;** *f.* **-in**
building **das Gebäude, -**
bridge **die Brücke, -n**
table **der Tisch, -e**
face **das Gesicht, -er**
glasses **die Brille, -n**

Der Hörsaal

4

Analyse der Zeichnung

1. Wer trägt auf den Bildern eine Brille?
2. Woran erkennen Sie, welche die Anatomievorlesung ist?
3. Was tut der Professor in dem Hörsaal, in dem das Modell eines Gebäudes auf dem Tisch steht?
4. Wer führt eine Brücke vor?
5. Welches der Bilder zeigt eine Vorlesung für englische Literatur? Woran erkennen Sie das?
6. In welchen Bildern kann man die Gesichter der Studenten nicht sehen? Warum nicht?
7. Warum können wir das Gesicht des Professors, der über Architektur spricht, nicht sehen?
8. Wie unterscheiden sich die Bänke im Anatomiesaal von denen im Hörsaal für Ingenieurwesen?
9. In welcher Vorlesung sehen Sie die wenigsten Studenten?
10. Welche der vier Vorlesungen würden Sie am meisten interessieren? Warum?
11. Welche Personen scheinen linkshändig zu sein? Woran erkennen Sie das?

Ausgangspunkte

12. Wer ist Shakespeare?
13. Was gefällt Ihnen als Student (als Studentin) am besten?
14. Was gefällt Ihnen als Student (als Studentin) am wenigsten?
15. Womit schreibt man an die Tafel?
16. Wann macht man sich Notizen?
17. Was ist der Unterschied zwischen einem Klassenzimmer und einem Hörsaal?
18. Würden Sie gerne Professor (Professorin) werden? Warum? Wenn nicht, warum nicht?
19. Nennen Sie einige Unterschiede zwischen einer Oberschule und einer Universität!
20. Wieviele Vorlesungen haben Sie belegt? Nennen Sie zwei davon!

Diskussionsthemen

1. Warum ich in diesem Seminar nicht durchfallen will.
2. Beschreiben Sie Ihre Lieblingsvorlesung!
3. Wie man eine Prüfung bestehen kann, ohne alles gelernt zu haben.

Sich Vorstellen und Diskutieren

There are sixteen students in the class. Eight passed the exam, eight did not. Each had an explanation, all different, for having passed or failed. Start a group discussion in German that presents all sixteen explanations.

to study **studieren, lernen**
to browse, leaf through **durch•blättern***
to look up (a book, a word) **nach•schlagen***
to lend **(ver)leihen***
to borrow **aus•leihen***
to look at **an•sehen,* an•schauen**
to sit (down) **sich setzen, sich hin•setzen**
to deal with, concern, be talked about **sich handeln um** (+ *acc.*)
to get up, stand up **auf•stehen***
to take notes **sich Notizen machen**
to leave **verlassen***
to leave, go away (*intrans.*) **weg•gehen,* ab•fahren***
to indicate **hin•weisen* auf** (+ *acc.*)

recently **kürzlich**
yesterday **gestern**
quiet **ruhig**
noisy **laut**
imaginary **eingebildet, erdichtet**
true **wahr, wahrheitsgetreu**
hardly any **kaum ein**
concerning **betreffend**
from this place **von hier aus**

library **die Bibliothek, -en**
librarian **der Bibliothekar, -e;** *f.* **-in**
magazine **die Zeitschrift, -en**
dictionary **das Wörterbuch, ⸗er**
book **das Buch, ⸗er**
bookshelf, shelf **das Bücherregal, -e**
rack (*newspapers*) **das Zeitschriftenregal, -e**
word **das Wort, ⸗er**
definition **die Definition, -en**
encyclopedia **die Enzyklopädie, -n**
atlas **der Atlas, -se** (*usual pl.:* **Atlanten)**
reference book **das Nachschlagewerk, -e**
fiction **die Belletristik, die erzählende Literatur**
nonfiction **die Fachliteratur**
novel **der Roman, -e**
short story **die Kurzgeschichte, -n; die Novelle, -n**
plot **die Handlung, -en**
poem **das Gedicht, -e**
play **das (Theater)Stück, -e**
table **der Tisch, -e**
chair **der Stuhl, ⸗e**
paper **das Papier, -e**
briefcase **die Aktentasche, -n**
student **der Student, -en, -en;** *f.* **-in**
professor **der Professor, -en;** *f.* **in**
skirt **der Rock, ⸗e**
(women's) slacks **die (Damen)Hose, -n**
jeans **die Jeans** (*pl. only*)
sweater **der Pullover ,-**
glasses **die Brille, -n**
bald head **die Glatze, -n**
hand **die Hand, ⸗e**
shoe **der Schuh, -e**
foot **der Fuß, ⸗e**
hair **das Haar, -e**
room **das Zimmer, -**
reading room **der Lesesaal, -säle**
majority **die Mehrheit, -en**
paper (*essay*) **die Arbeit, -en**

Die Bibliothek

5

Analyse der Zeichnung

1. Wieviele Leute sehen Sie auf dem Bild?
2. Was tun die meisten Studenten und Studentinnen?
3. Wer geht gerade weg, und was hält diese Person in der Hand?
4. Wer hat lange Haare, kurze Haare, fast keine Haare?
5. Wo sind die meisten Bücher?
6. Woran erkennen Sie, daß es sich auf dem Bild um eine Bibliothek handelt?
7. Beschreiben Sie die Studentin im Vordergrund!
8. Was macht das junge Mädchen am Zeitungsregal?
9. Was tut das Mädchen mit den langen Haaren?

Ausgangspunkte

10. Was ist eine Bibliothek?
11. Erklären Sie uns den Unterschied zwischen „Zeitungsregal" und „Bücherregal"!
12. Wo können Sie normalerweise besser lernen, in der Bibliothek oder in Ihrem Zimmer? Warum?
13. Nennen Sie einige Unterscheide zwischen einem Buch und einer Zeitschrift!
14. Erklären Sie den Unterschied zwischen einem Wörterbuch und einer Enzyklopädie!
15. Was ist ein Nachschlagewerk?
16. Erklären Sie den Unterschied zwischen der Belletristik und der Fachliteratur!
17. Was versteht man unter „durchblättern"?
18. Warum darf man nicht in Bibliotheksbücher schreiben?
19. Beschreiben Sie die Bibliothek Ihrer Schule oder Universität!
20. Erzählen Sie die Handlung einer Kurzgeschichte, die Sie gelesen haben!

Diskussionsthemen

1. Beschreiben Sie eine Bibliothek!
2. Was passiert, wenn jemand ein Buch aus der Bibliothek nimmt, ohne es offiziell ausgeliehen zu haben?
3. Als ich gestern die Bibliothek verließ,...

Sich Vorstellen und Diskutieren

A student cannot find a certain reference book on the shelf. Since the library does not lend reference books, it is probably in use. With the librarian's help the book is found on a table, where another student is leafing through the book and taking notes. When the two students agree to use the book together, the librarian leaves, but only briefly, as their conversation becomes too noisy.

Enact the described scene in German.

to check one's coat **den Mantel an der Garderobe ab•geben***
to dance **tanzen**
to sing **singen***
to serve (food) **servieren**
to stay out late **lange aus•bleiben***
to have fun, enjoy oneself **sich (gut) unterhalten, sich (gut) amüsieren, sich vergnügen**
to play **spielen**
to smile **lächeln**
to laugh **lachen**
rent **mieten**
to organize, arrange **veranstalten**
to take a break **Pause machen**
to consider (as), to think someone a (+ *noun*)* **halten* (für** + *acc.*)
to converse about **sich unterhalten* über** (+ *acc.*)

ever **jemals**
similar **ähnlich**
happy **glücklich**
obviously **offensichtlich**
various **verschieden**

dance **der Tanz, ⸚e**
dance (*evening affair*) **der Tanzabend, -e**
discotheque **die Diskothek, -en; die Disco, -s**
band **die (Tanz)Kapelle, -n; die Band, -s**
bandstand **das Podium, Podien**
cloak room **die Garderobe, -n**
coat **der Mantel, ¨**
beverage, drink **das Getränk, -e**
sandwich **das belegte Brot, -e**
tray **das Tablett, -e**
glass **das Glas, ⸚er**
pitcher **der Krug, ⸚e**
intermission **die Pause, -n**
musical instrument **das (Musik) Instrument, -e**
guitar **die Gitarre, -n**
drum **die Trommel, -n**
wind instrument **das Blasinstrument, -e**
trumpet **die Trompete, -n**
trombone **die Posaune, -n**
clarinet **die Klarinette, -n**
saxophone **das Saxophon, -e**
musician **der Musiker, -**; *f.* **-in**
phonograph **der Plattenspieler, -**
(phonograph) record **die (Schall)Platte, -n**
waltz **der Walzer, -**
rock music **die Rockmusik**
classical music **die klassische Musik**
semiclassical music **die leichte Musik**
popular music **die Schlagermusik**
folk music **die Volksmusik**
teenager **der Teenager, -; der/die Jugendliche, -n**
partner (*at a dance*) **der (Tanz)Partner, -**; *f.* **-in**
wall (*internal*) **die Wand, ⸚e**
decorations **die Dekorationen**
mouth **der Mund, ⸚er**
bracelet **das Armband, ⸚er**
wristwatch **die Armbanduhr, -en**
reason **der Grund, ⸚e**

Der Tanzabend

6

Analyse der Zeichnung

1. Was gibt es zu essen und zu trinken? Wo wird es serviert?
2. Was für Musik scheint die Kapelle zu spielen?
3. Beschreiben Sie die Musiker!
4. Woran erkennen Sie, daß sich die jungen Leute auf dem Bild gut amüsieren?
5. Wen halten sie für die glücklichste Person auf dem Bild und warum?
6. Welche Mädchen tragen Armbänder?
7. Wer tanzt auf dem Bild nicht?
8. Was ist eine Garderobe, und wo befindet sie sich auf dem Bild?
9. Wo sind die Dekorationen?
10. Beschreiben Sie das Bild!

Ausgangspunkte

11. Worüber unterhalten Sie sich mit einem Partner (einer Partnerin), mit dem (der) Sie zu einem Tanz gehen, aber den (die) Sie nicht gut kennen?
12. Was ist der Unterschied zwischen einem Walzer und Rockmusik?
13. Was ist ein Podium?
14. Inwiefern sind die Trompete, die Klarinette, das Saxophon, und die Posaune ähnliche Instrumente?
15. Was war die längste Zeit, die Sie jemals abends ausgeblieben sind? Wann war das? Was war der Grund?
16. Welche Musikinstrumente sind für Volksmusik typisch?
17. Wie lange ist man Teenager?
18. Wo gibt man seinen Mantel ab?
19. Wie können junge Leute, ohne eine Kapelle zu mieten, einen Tanzabend veranstalten?
20. Was kann man tun, während das Orchester Pause macht?

Diskussionsthemen

1. Verschiedene Musikarten.
2. Was geschieht, wenn ich zu lange ausbleibe.
3. Beschreibung eines Tanzabends für Studenten.

Sich Vorstellen und Diskutieren

Your friends invite you to a party featuring your favorite local band. After dancing all night, you and some others are invited to meet the musicians.

Enact the described scene in German.

to get along **aus•kommen*, sich verstehen***
to knit **stricken**
to fall asleep **ein•schlafen***
to sleep **schlafen***
to watch television **fern•sehen***
to listen (to) **(sich) an•hören**
to turn on (*a light, TV*) **an•stellen, an•schalten**
to turn off (*a light, TV*) **aus•machen, aus•stellen**
to be sitting **sitzen***
to talk **reden**
to hold **halten***
to advertise **werben***

favorite **Lieblings...**
related (to) **verwandt (mit)**
at home **zu Hause**
at my (her, his) home **bei mir (ihr, ihm) zu Hause**
different **verschieden, anders**
all sorts of **allerlei**

family **die Familie, -n**
family member **das Familienmitglied, -er**
father **der Vater, ¨**
mother **die Mutter, ¨**
son **der Sohn, ¨e**
daughter **die Tochter, ¨**
husband **der (Ehe)Mann, ¨er**
wife **die (Ehe)Frau, -en**
relatives **die Verwandten** (*pl.*)
niece **die Nichte, -n**
nephew **der Neffe, -n, -n**
grandfather **der Großvater, ¨**
grandmother **die Großmutter, ¨**
granddaughter **die Enkelin, -nen**
grandson **der Enkel, -**
brother **der Bruder, ¨**
sister **die Schwester, -n**
brother(s) and sister(s) **die Geschwister** (*pl. only*)
aunt **die Tante, -n**
uncle **der Onkel, -**
cousin **der Vetter, -n; die Kusine, -n**

home **das Heim, das Zuhause, die Heimat**
room **das Zimmer, -**
furniture **die Möbel** (*pl. only*)
sofa **das Sofa, -s**
armchair **der Sessel, -**
television set **der Fernsehapparat, -e; der Fernseher, -** (*inf.*), **das Fernsehen**
color television **der Farbfernseher, -**
channel **das Programm, -e**
cable TV **das Kabelfernsehen**
table **der Tisch, -e**
lamp **die Lampe, -n**
table lamp **die Tischlampe, -n**
reason (for) **der Grund, ¨e (für)**
television program **die Sendung, -en**
commercial **die Werbesendung, -en**
station **der Sender, -**
radio **das Radio, der Rundfunk**
radio (*set*) **das Radio, -s**
glasses **die Brille, -n**
foot **der Fuß, ¨e**

slipper **der Pantoffel, -n**
lap **der Schoß, ¨e**
magazine **die Zeitschrift, -en**
time of day **die Tageszeit, -en**
vicinity **die Nähe**

Die Familie

7

Analyse der Zeichnung

1. Welche Familienmitglieder sind zu Hause?
2. Welche Tageszeit ist es auf dem Bild?
3. Was tut die Mutter, während sie das Fernsehprogramm ansieht, und wo sitzt sie?
4. Beschreiben Sie die Möbel des Zimmers!
5. Was tut der kleine Junge, und wo sitzt er?
6. Was tut der Vater, und was trägt er an den Füßen?
7. Wo steht der Fernsehapparat?
8. Woran kann man erkennen, daß der Vater gerade gelesen hat?

Ausgangspunkte

9. Was tun Sie am liebsten, wenn Sie abends zu Hause sind?
10. Was ist der Unterschied zwischen einem Sender und einem Programm?
11. Was ist Ihre Lieblingssendung im Fernsehen?
12. Was ist eine Rundfunk- oder Fernsehwerbesendung?
13. Wo und wann hören Sie gern Radio?
14. Beschreiben Sie Ihre Familie!
15. Beschreiben Sie den Verwandten (die Verwandte), den (die) Sie am liebsten haben!
16. Wie ist die Schwester Ihres Vaters mit Ihnen verwandt und wie die Tochter des Bruders Ihrer Mutter?
17. Beschreiben Sie die ideale Familie, das heißt wieviele Familienmitglieder sollte sie haben und warum?
18. Beschreiben Sie eine Familie, die in Ihrer Nähe wohnt!
19. Wie kommen Sie mit Ihren älteren und jüngeren Geschwistern aus? Begründen Sie Ihre Antwort!
20. Was geschieht, wenn bei Ihnen zu Hause nicht alle Familienmitglieder dieselbe Sendung sehen möchten?

Diskussionsthemen

1. Waurm ich Fernsehen im allgemeinen (nicht) mag.
2. Warum der Vater auf dem Bild eingeschlafen ist.
3. Mein Zuhause und meine Familie.

Sich Vorstellen und Diskutieren

A family is seated in the living room after dinner. Suddenly their attention is captured by a television commercial that starts a discussion among all members of the family.

Enact this discussion in German.

to own **besitzen***
to rent **mieten**
to sweep **kehren**
to keep clean **sauber•halten***
to perform (*work*) **verrichten**
to scrub **scheuern**
to dust **staub•putzen**
to clean (*house*) **sauber•machen**
to make the beds **die Betten machen**
to keep (*preserve*) **auf•bewahren**

typical **typisch**
instead of **anstatt**
during the day **tagsüber**
necessary **notwendig**

house **das Haus, ¨-er**
home **das Heim, -e; das Zuhause; die Heimat**
own home **das Eigenheim, -e**
two-story house **das zweistöckige Haus, ¨-er**
upper floor **das obere Stockwerk, -e**
ground floor **das Erdgeschoß, -sse**
roof **das Dach, ¨-er**
cellar, basement **der Keller, -; das Kellergeschoß, -sse**
chimney **der Schornstein, -e**
lightning rod **der Blitzableiter, -**
attic **der Dachboden, ¨**
stairway **die Treppe, -n**
doorway **der Eingang, ¨-e**
wall (*interior*) **die Wand, ¨-e**
wall (*exterior*) **die Mauer, -n**
ceiling **die Decke, -n**
living room **das Wohnzimmer, -**
dining room **das Eßzimmer, -; das Speisezimmer, -**
bedroom **das Schlafzimmer, -**
bed **das Bett, -en**
kitchen **die Küche, -n**
bathroom **das Badezimmer, -**
apartment **die Wohnung, -en**
dream house **das Haus meiner (seiner, ihrer, etc.) Träume**
floor (*story*) **das Stockwerk, -e; die Etage, -n**
floor (on which one walks) **der Fußboden, ¨**
floor plan **der Bauplan, -e; der Grundriß, -sse**
furnace **die Heizung, -en**
fireplace **der Kamin, -e**
garbage can **der Mülleimer, -**
planter **der Blumenständer, -**
curtain, drape **die Gardine, -n, der Vorhang, ¨-e**
window **das Fenster, -**
picture **das Bild, -er**
rug **der Vorleger, -; der Teppich, -e**
furniture **die Möbel** (*pl. only*)
furnishings **die Einrichtung, -en**
piano **das Klavier, -e**
grand piano **der Flügel, -**
bureau, chest of drawers **die Kommode, -n**
dining room table **der Eßzimmertisch, -e**
desk **der Schreibtisch, -e**
chair **der Stuhl, ¨-e**
armchair **der Sessel, -**
footstool, hassock **der Hocker, -**
lamp **die Lampe, -n**
trunk **der Koffer, -**
work, chore **die Arbeit, -en; die Aufgabe, -n**
mortgage **die Hypothek, -en**
down payment **die Kaution, -en; die Anzahlung, -en**
piece of furniture **das Möbelstück, -e**

Das Haus

8

Analyse der Zeichnung

1. Wieviele Stockwerke hat dieses Haus, und wie heißen sie auf deutsch?
2. Wo sind die Mülleimer?
3. Was sehen Sie auf dem Dachboden?
4. Wo sehen Sie einen Teppich?
5. Warum hat das Haus einen Schornstein?
6. Was sehen Sie noch auf dem Dach?
7. Beschreiben Sie, was Sie im Eßzimmer sehen!
8. Wo ist die Küche?
9. Würden Sie gern in diesem Haus wohnen? Warum? Warum nicht?
10. Vor welchen beiden Sesseln stehen Hocker?
11. Wo ist das Badezimmer auf dem Bild?
12. Wo ist die Treppe?
13. Beschreiben Sie die Einrichtung des Schlafzimmers, in dem ein Schreibtisch steht!
14. Warum kann der Junge sowohl tagsüber wie auch abends Klavier spielen?

Ausgangspunkte

15. Nennen Sie Aufgaben, die man täglich verrichten muß!
16. Beschreiben Sie einen typischen Keller! Warum haben manche Häuser keine Keller?
17. Warum mieten viele Leute eine Wohnung, anstatt ein Haus zu kaufen?
18. Warum ziehen viele Leute ein Eigenheim einer Wohnung vor?
19. Was bewahrt man im allgemeinen auf dem Dachboden auf?
20. Erklären Sie, was eine Hypothek ist!

Diskussionsthemen

1. Das Haus meiner Träume.
2. Die Zimmer und Möbel eines Hauses.
3. Wie man ein Haus sauberhält.

★★

Sich Vorstellen und Diskutieren

A group of tourists is visiting a famous home. As the visitors enter each room, they express their opinions and compare thoughts on their own dream houses.

Enact this discussion in German.

to cook **kochen, zu•bereiten**
to wash dishes **Geschirr spülen, ab•waschen***
to serve **servieren**
to pour **aus•schenken**
to be hungry **hungrig sein*, Hunger haben**
to eat a meal **eine Mahlzeit essen***
to cover (up) **zu•decken**
to lay **legen**
to reach (for) **greifen nach** (+ *dat.*)
to pass, hand **reichen**
to uncork **entkorken**

suitable, appropriate **geeignet, richtig**
wrong **falsch**
at my (his, her) home **bei mir (ihm, ihr) zu Hause**
healthy, nutritious **gesund**
front **Vorder-**
back **Rück-**

kitchen **die Küche, -n**
burner **die (Koch)Platte, -n**
oven **der Backofen, ¨**
microwave oven **der Mikrowellenofen, ¨; der Mikrowellenherd, -e**
sink **das Spülbecken, -**
food **das Essen**
refrigerator **der Kühlschrank, ¨e**
kitchen appliance **das Küchengerät, -e**
automatic dishwasher **die Geschirrspülmaschine, -n**
stove **der Herd, -e; der Gasherd, -e; der Elektroherd, -e**
groceries **die Lebensmittel** *(pl.)*
coffee **der Kaffee, -s**
coffee pot **die Kaffeekanne, -n**
bread **das Brot, -e**
roll **das Brötchen, -**
bread basket **der Brotkorb, ¨e**
salad **der Salat, -e**
salt **das Salz**
pepper **der Pfeffer**

vinegar **der Essig**
oil **das Öl**
bottle **die Flasche, -n**
bowl **die Schüssel, -n**
pot **der Topf, ¨e**
(frying) pan **die (Brat)Pfanne, -n**
ladle **die Suppenkelle, -n**
glass **das Glas, ¨er**
cork **der Korken, -**
corkscrew **der Korkenzieher, -**
fruit **das Obst**
dishes **das Geschirr, -e**
plate **der Teller, -**
platter **die Platte, -n**
napkin **die Serviette, -n**
meal **die Mahlzeit, -en; das Essen, -**
course (*meal*) **der Gang, ¨e**
dishwashing detergent **das Spülmittel, -**
fork **die Gabel, -n**
knife **das Messer, -**
spoon **der Löffel, -**
window sill **die Fensterbank, ¨e**

flower pot **der Blumentopf, ¨e**
cupboard **der Küchenschranke, ¨e**
handle **der Griff, -e**
place, spot **die Stelle, -n**
fan **der Ventilator, -en**
mother **die Mutter, ¨**
father **der Vater, ¨**
child **das Kind, -er**
son **der Sohn, ¨e**
daughter **die Tochter, ¨**

Die Küche

9

Analyse der Zeichnung

1. Wer ist wohl am hungrigsten? Woran erkennen Sie das?
2. Was hat der Vater in der Hand, und was tut er gerade?
3. Welche Küchengeräte sind auf dem Bild nicht zu sehen?
4. Auf welcher Platte des Herdes steht die Kaffeekanne?
5. Wann wird der Kaffee serviert? Begründen Sie Ihre Antwort!
6. Welche Dinge sind auf der Fensterbank hinter dem Spülbecken zu sehen?
7. Steht der Kühlschrank an der geeignetesten Stelle? Warum (nicht)?
8. Warum ist der Griff der Kühlschranktür an der falschen Stelle?
9. Wo steht der Kühlschrank?
10. Woran erkennen Sie, daß der Wein zwar schon entkorkt, aber noch nicht ausgeschenkt ist?
11. Wer wird Wein trinken und wer nicht? Woraus schließen Sie das?
12. Was ist in den Flaschen links neben der Salatschüssel?
13. Wann wird das Obst gegessen?
14. Wo steht die Salatschüssel?
15. Wo sind das Salz und der Pfeffer?

Ausgangspunkte

16. Beschreiben Sie Ihre Küche!
17. Warum deckt man Brot oder Brötchen mit einer Serviette zu, wenn man sie aus dem Backofen nimmt und in einen Brotkorb legt?
18. Wann essen Sie Ihren Salat?
19. Warum essen Sie (nicht) gern in der Küche?
20. Würden Sie lieber das Essen kochen oder das Geschirr spülen? Warum?

Diskussionsthemen

1. Mit wieviel Jahren dürfen Kinder beim Essen Wein trinken?
2. Die Vorteile und Nachteile, Mahlzeiten in der Küche zu essen.
3. Das Essen in meiner Schule oder Universität, und wie es serviert wird.

Sich Vorstellen und Diskutieren

At dinnertime in a typical home we might expect the mother to prepare the meal, the father to serve it, and the children to fight at the table. But imagine all members of the family in the illustration on the previous page have reversed the stereotype.

Enact the dialog at the table in German.

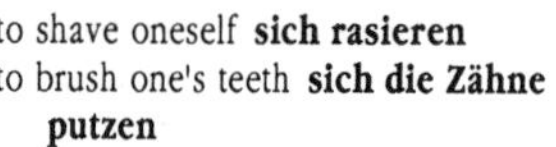

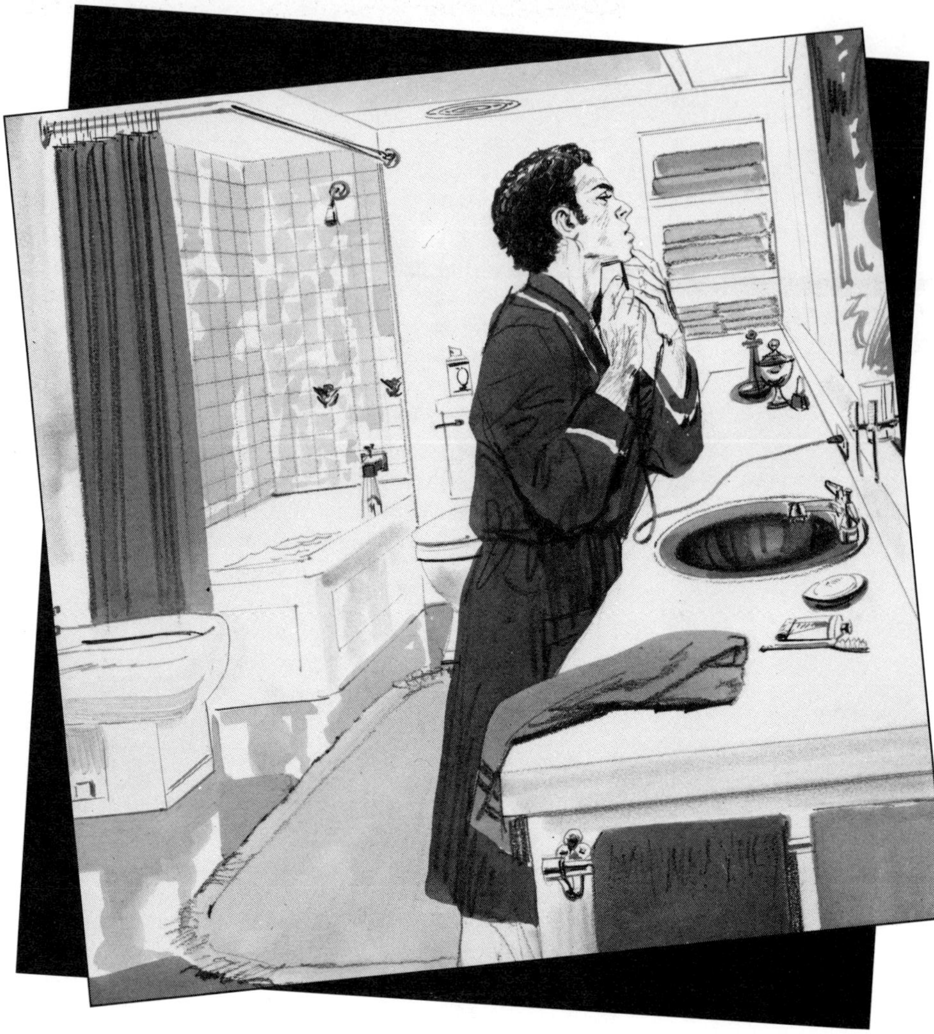

to shave oneself **sich rasieren**
to brush one's teeth **sich die Zähne putzen**
to turn on the water **das Wasser an•drehen**
to turn off the water **das Wasser ab•drehen**
to take a bath **ein Bad nehmen***
to take a shower **eine Dusche nehmen*, sich duschen**
to dry oneself **sich ab•trocknen**
to run (water) **(Wasser) laufen lassen***
to splash **spritzen**
to wash oneself **sich waschen***
to wear **tragen***

close **nahe zu** (+ *dat.*), **nahe an** (+ *dat.*)
first, first of all **zuerst**
similar (to), alike **ähnlich** (+ *dat.*)
daily **täglich**
at least **wenigstens**

bathroom **das Badezimmer, -; das Bad, ¨er**
bathrobe **der Bademantel, ¨**
washcloth **der Waschlappen, -**
towel **das Handtuch, ¨er**
towel rack **der Handtuchhalter, -**
sink **das Waschbecken, -**
faucet, spigot **der Wasserhahn, ¨e**
soap **die Seife, -n**
toothbrush **die Zahnbürste, -n**
toothpaste **die Zahnpasta, -pasten**
mouthwash **das Mundwasser, -**
(electric) razor **der (elektrische) Rasierapparat, -e**
straight razor **das Rasiermesser, -**
shaving cream **der Rasierschaum, ¨e; die Rasiercreme, -s**
toilet **die Toilette, -n**
bidet **das Bidet, -s**
bath **das Bad, ¨er**
bathtub **die Badewanne, -n**
shower **die Dusche, -n; die Brause, -n**
shower curtain **der Duschvorhang, ¨e**
dressing table, counter **der Toilettentisch, -e**
tile **die Kachel, -n**
nailpolish **der Nagellack, -e**
nailpolish remover **der Nagellackentferner, -**
mirror **der Spiegel, -**
toiletries **die Toilettenartikel** (*pl.*)
ceiling **die Decke, -n**
floor **der Fußboden, ¨**
(electrical) outlet **die Steckdose, -n**
plug **der Stecker, -**
(electrical) cord **die (elektrische) Schnur, ¨e**
ventilation **die Entlüftung, -en**
garment **das Kleidungsstück, -e**
pajamas **der Schlafanzug, ¨e**
rug **der Teppich, -e**
place (spot) **die Stelle, -n**
use (of) **der Gebrauch (von)**
drawer **die Schublade, -n**

Das Badezimmer

10

Analyse der Zeichnung

1. Woran erkennen Sie, daß der Mann es vorzieht, ein Bad zu nehmen anstatt sich zu duschen?
2. Warum könnte dies sowohl ein amerikanisches als auch ein europäisches Badezimmer sein?
3. Was liegt auf dem Fußboden?
4. An welchen drei Stellen sehen Sie Handtücher?
5. Wo ist die Steckdose für den Rasierapparat?
6. Wo ist die Entlüftung?
7. Nennen Sie die Artikel, die auf dem Toilettentisch zu sehen sind!
8. Wo ist die Toilette? Wo ist das Bidet?
9. Welche Kleidungsstücke trägt der Mann?
10. Welche Gegenstände auf dem Bild zeigen, daß der Mann wahrscheinlich nicht allein wohnt?
11. Welche Toilettenartikel finden Sie nicht auf dem Bild?
12. Warum sehen Sie keinen Rasierschaum?
13. Warum sollte die Steckdose nicht so nahe am Waschbecken sein?

Ausgangspunkte

14. Wozu werden Handtücher benutzt?
15. Wozu dient ein Duschvorhang?
16. Wie dreht man das Wasser an und ab?
17. Zwei Männer wollen sich rasieren, der eine mit einem elektrischen Rasierapparat, der andere mit einem Rasiermesser. Was muß jeder zuerst tun?
18. Wie oft putzen Sie sich täglich die Zähne?
19. Erklären Sie den Unterschied zwischen einer Badewanne und einem Waschbecken!
20. Inwiefern ist ein Waschbecken einer Badewanne ähnlich?

Diskussionsthemen

1. Alte und neue Badezimmer.
2. DieVorteile eines elektrischen Rasierapparats.
3. Über den Mann, der Rasierschaum auf seine Zahnbürste tat.

Sich Vorstellen und Diskutieren

Four students who share two dormitory rooms and one bathroom are discussing ways to improve their general living conditions. Central to their discussion is the use of and responsibility for the bathroom.

By enacting their discussion in German, help them come up with a schedule for use and maintenance of the bathroom.

to set the table **den Tisch decken**
to clear the table **den Tisch ab•räumen**
to serve (a dish) **servieren**
to pour in **ein•schenken**
to taste good **(gut)schmecken**
he does not like it (*food*) **es schmeckt ihm nicht**
to sit down **sich setzen**
to put, to place **stellen**
to propose a toast **einen Toast auf jemanden aus•bringen***
to toast someone's health **auf das Wohl einer Person trinken***
to celebrate **feiern**
to be missing **fehlen**

formal **festlich, formell**
informal **nicht formell, zwanglos**
according to **nach** (+ *dat.*)

etiquette **der Anstand**
table **der Tisch, -e**
tablecloth **die Tischdecke, -n; das Tischtuch, ⸚er**
napkin **die Serviette, -n**
pitcher **der Wasserkrug, ⸚e**
water **das Wasser**
wine **der Wein, -e**
wine basket **der Weinkorb, ⸚e**
head of the table **das Tischende, -n**
center of the table **die Tischmitte, -n; die Mitte des Tisches**
place setting **das Gedeck, -e**
soup bowl **die Suppentasse, -n**
saucer **die Untertasse, -n**
plate **der Teller, -**
butter **die Butter**
silverware, cutlery **das Besteck, -e**
knife **das Messer, -**
butter knife **das Buttermesser, -**
fork **die Gabel, -n**
salad fork **die Salatgabel, -n**
dessert fork **die Kuchengabel, -n**
soup spoon **der Suppenlöffel, -en**
tablespoon **der Eßlöffel, -**
teaspoon **der Teelöffel, -; der Kaffeelöffel, -**
glass **das Glas, ⸚er**
water glass **das Wasserglas, ⸚er**
wine glass **das Weinglas, ⸚er**
salt shaker **der Salzstreuer, -**
pepper shaker **der Pfefferstreuer, -**
coaster **der Untersatz, ⸚e**
host, hostess **der Gastgeber, -; *f.* -in**
guest **der Gast, ⸚e**
meal **die Mahlzeit, -en**
dinner (*supper*) **das Abendessen, -**
gala dinner, banquet **das Festessen, -**
table (*set for a banquet*) **die Tafel, -n; die Festtafel, -n**
flower arrangement **das Blumenbesteck, -e**
waiter, waitress **der Kellner, -; *f.* -in, -nen**
ash tray **der Aschenbecher, -**
cigarette **die Zigarette, -n**
cigarette lighter **das Feuerzeug, -e**
custom, tradition **die Sitte, -n**
guest of honor **der Ehrengast, ⸚e**
taste **der Geschmack, ⸚e**

Der gedeckte Tisch

11

Analyse der Zeichnung

1. Woran erkennen Sie, daß das Essen noch nicht serviert ist?
2. Woran erkennen Sie, daß dies ein Festessen ist?
3. Was wird in die beiden Gläser eingeschenkt?
4. Ist die Gabel links von der großen Gabel eine Salatgabel oder eine Kuchengabel? Warum?
5. Was deutet darauf hin, daß der Tisch nach amerikanischer Sitte gedeckt ist?
6. Warum hat jedes Gedeck einen Kaffeelöffel und einen Suppenlöffel?
7. Auf welche Seite legt man die Serviette?
8. Was steht in der Mitte des Tisches?
9. Wieviele Gäste kommen zum Abendessen, wenn es zwei Gastgeber gibt?
10. Was liegt auf der rechten Seite des großen Tellers?
11. Wo sind die Salz- und Pfefferstreuer?
12. Wozu dient das Tellerchen links oberhalb des Gedecks?
13. Warum hat man die Weinkörbe an die beiden Tischenden gestellt?
14. Was steht auf den kleinen Untersätzen vor den Gedecken des Gastgebers und der Gastgeberin?
15. Wer wird den Wasserkrug an der linken Seite stehen haben?

Ausgangspunkte

16. Wo sitzt der Gastgeber im allgemeinen?
17. Wie stößt man auf einen Toast an?
18. Welche Pflichten hat ein Kellner oder eine Kellnerin?
19. Was ist der Unterschied zwischen einem Teller und einer Untertasse? Zwischen einem Eßlöffel und einem Teelöffel?
20. Was würden Sie zu einem Gast sagen, dem das Essen nicht schmeckt?

Diskussionsthemen

1. Wie man einen Tisch nach deutscher Sitte deckt.
2. Deutsche Tischmanieren.
3. Was man über Weine wissen sollte.

Sich Vorstellen und Diskutieren

After enjoying a formal meal served on an elegantly-set table in a German home, it is now time for the guests to relish in some after-dinner conversation along with one more glass of a special German wine. With compliments to the host and hostess, and several toasts, much of the attention centers on the guest of honor.

Enact the described scene in German and include as many guests as you like.

to breathe **atmen**
to bend *(intr.)* **sich bücken**
to bend *(tr.)* **biegen***
to run **laufen*, rennen***
to close **schließen***
to link **verbinden***
to notice **merken, bemerken**
to weigh **wiegen***

human **menschlich**
healthy **gesund**
unhealthy **ungesund**
thin; slender **dünn; schlank**
skinny **mager**
fat **dick**
married **verheiratet**
single **ledig, unverheiratet**
right **rechts** *(adv.)*; **recht...** *(adj.)*
left **links** *(adv.)*; **link...** *(adj.)*
external **äußer-, äußerlich**
hairy **behaart**
visible **sichtbar**
in front **vorn(e)**
grown up, adult **erwachsen**
first of all **zuerst**
physical **körperlich**

body **der Körper, -**
part of the body **der Körperteil, -e**
face **das Gesicht, -er**
head **der Kopf, ¨e**
forehead, brow **die Stirn(e), -en**
skull **der Schädel, -**
brain **das Gehirn, -e**
hair **das Haar, -e**
eye **das Auge, -n**
eyelash **die Augenwimper, -n**
eyelid **das Augenlid, -er**
eyebrow **die Augenbraue, -n**
ear *(exterior)* **das Ohr, -en**
nose **die Nase, -n**
nostril **das Nasenloch, ¨er**
cheek **die Backe, -n; die Wange, -n**
temple **die Schläfe, -n**
jaw **der Kiefer, -**
mouth **der Mund, ¨er**
lip **die Lippe, -n**
tongue **die Zunge, -n**
tooth **der Zahn, ¨e**
chin **das Kinn, -e**
beard **der Bart, ¨e**

neck **der Hals, ¨e**
shoulder **die Schulter, -n**
back **der Rücken, -**
chest *(men or women)* **die Brust, ¨e**
breast *(women)* **der Busen, -**
arm **der Arm, -e**
elbow **der Ellbogen, -**
wrist **das Handgelenk, -e**
hand **die Hand, ¨e**
palm **die Handfläche, -n**
knuckle **der Knöchel, -**
finger **der Finger, -**
thumb **der Daumen, -**
index finger **der Zeigefinger, -**
middle finger **der Mittelfinger, -**
ring finger **der Ringfinger, -**
little finger **der kleine Finger, -**
fingernail **der Fingernagel, ¨**
fist **die Faust, ¨e**
waist **die Taille, -n**
hip **die Hüfte, -n**
buttock **das Gesäß, -e**
thigh **der Oberschenkel, -**
knee **das Knie, -**

calf **die Wade, -n**
ankle **der Fußknöchel, -**
foot **der Fuß, ¨e**
toe **die Zehe, -n**
toenail **der Fußnagel, ¨**
bone **der Knochen, -**
joint **das Gelenk, -e**
skin **die Haut, ¨e**
blood **das Blut**
artery **die Arterie, -n**
vein **die Vene, -n**
heart **das Herz, -ens, -en**
stomach **der Magen, -**
belly **der Bauch, ¨e**
lung **die Lunge** *(pair considered one organ)*
muscle **der Muskel, -n**
function **die Funktion, -en**
adult (person) **der/die Erwachsene, -n**
problem area **die Problemstelle, -n**

Der menschliche Körper

12

Analyse der Zeichnung

1. Beschreiben Sie den Mann!
2. Beschreiben Sie die Frau!
3. Wer ist größer? Wer wiegt mehr?

Ausgangspunkte

4. Was verbindet den Kopf mit der Brust?
5. Nennen Sie die Teile des Gesichts!
6. Erklären Sie den Unterschied zwischen Augenbraue und Augenwimper!
7. Was befindet sich im Schädel?
8. Wieviele Zähne hat ein normaler Erwachsener?
9. An welchem Körperteil merkt man zuerst, ob ein Mensch dick ist?
10. Wie fließt das Blut?
11. Wieviele Finger und wieviele Zehen haben wir?
12. Wie nennt man die fünf Finger auf deutsch?
13. An welchem Finger und an welcher Hand tragen Sie einen Ring? Falls Sie keinen Ring tragen, begründen Sie warum nicht!
14. Nennen Sie einen äußeren Körperteil, der nicht behaart ist!
15. Welche Funktion hat die Lunge?
16. Nennen Sie alle Körperteile, die sich unterhalb des Oberschenkels befinden!
17. Worin besteht die Ähnlichkeit zwischen dem Knöchel, dem Handgelenk, dem Ellbogen, und dem Knie?
18. Wo befindet sich die Handfläche?
19. Wie nennt man eine geschlossene Hand?
20. Nennen Sie zwei Körperteile, die nur von hinten, und zwei, die nur von vorn sichtbar sind!

Diskussionsthemen

1. Die Problemstellen des männlichen Körpers. Des weiblichen.
2. Wie man gesund bleibt.
3. Der ideale Mann; die ideale Frau.

Sich Vorstellen und Diskutieren

Imagine that you have just witnessed a crime. In order to help the police find the suspect(s), you are asked to give complete physical description(s) to the composite artist, played by another student.

Enact the discussion in German between you and the artist.

to cut hair **die Haare schneiden***
to get a haircut **sich die Haare schneiden lassen***
to shave (oneself) **sich rasieren**
to wash hair **die Haare waschen***
to rinse **spülen**
to comb (out) **(aus)kämmen**
to put up hair **auf Lockenwickler aufrollen**
to set, style **legen, frisieren**
to dry **trocknen**
to bleach **bleichen, blondieren**
to dye **färben**
to tease (hair) **toupieren**
to manicure **maniküren**
to spend *(time)* **verbringen***

handsome, good-looking **gut aussehend**
blond **blond**
light brown **hellbraun**
brunette **brünett**
redhaired **rothaarig**
curly **lockig**
wavy **wellig**
straight **glatt**
short **kurz**
long **lang**
in front of **vor** (+ *dat.*)
artificial **künstlich**
various **verschieden**

---

grooming **die Körperpflege**
customer **der Kunde, -n, -n; die Kundin, -nen**
hair stylist **der Friseur, -e; die Friseuse, -n**
head **der Kopf, ⸚e**
face **das Gesicht, -er**
hair **das Haar, -e**
haircut **der Haarschnitt, -e**
comb **der Kamm, ⸚e**
brush **die Bürste, -n**
scissors **die Schere, -n**
permanent (wave) **die Dauerwelle, -n**
braid **der Zopf, ⸚e**
wig **die Perücke, -n**
hair style, hairdo **die Frisur, -en**
hair spray **das Haarspray, -s**
shampoo **das Haarwashmittel, -; das Shampoo, -s**
soap **die Seife, -n**
dryer **die Trockenhaube, -n**
blow dryer **der Fön, -e**
roller, curler **der Lockenwickler, -**
hairpin **die Haarnadel, -n**
bobby pin **die Haarklammer, -n**
manicure; manicurist **die Maniküre, -n**
fingernail **der Fingernagel, ⸚**
nail file **die Nagelfeile, -n**
nailpolish **der Nagellack, -e**
nailpolish remover **der Nagellackentferner, -**
perfume **das Parfüm, -s**
mascara **die Wimperntusche, -n**
eye shadow **der Lidschatten, -**
bottle **die Flasche, -n**
container **der Behälter, -**
mirror **der Spiegel, -**
(safety) razor **der Rasierapparat, -e**
electric shaver **der elektrische Rasierapparat, -e**
chin **das Kinn, -e**
bald head **die Glatze, -n**
beard **der Bart, ⸚e**
moustache **der Schnurrbart, ⸚e**
sideburns **die Koteletten** *(pl. only)*
eyelash **die Augenwimper, -n**
eyebrow **die (Augen)Braue, -n**
lef-handed man;...woman **der Linkshänder, -;** *f.* **-in**

Die Körperpflege

13

Analyse der Zeichnung

1. Wie weiß man, daß der Friseur Linkshänder ist?
2. Was tut der Friseur gerade mit der Kundin?
3. Was tun die zwei Friseusen im Hintergrund?
4. Was enthalten die verschiedenen Flaschen, die man in drei der Zeichnungen sieht?
5. Was tut die Dame vor dem Spiegel?
6. Was bewundert der Mann vor dem Spiegel?

Ausgangspunkte

7. Es gibt heute immer weniger getrennte Herren-, bzw. Damenfrisiersalons. Erklären Sie diesen Trend!
8. Was tut der Friseur mit dem Haar einer Kundin, bevor er es legt?
9. Was geschieht, nachdem das Haar auf Lockenwickler aufgerollt ist?
10. Erklären Sie die zwei Bedeutungen des Wortes „Maniküre"!
11. Was kann eine Brünette tun, die eine Blondine oder Rothaarige werden möchte?
12. Wann benutzt man Haarnadeln?
13. Was macht man mit dem Lidschatten und der Wimperntusche?
14. Was ist Shampoo?
15. Wie oft lassen Sie sich die Haare schneiden?
16. Erklären Sie den Unterschied zwischen Schnurrbart, Bart, und Koteletten!
17. Beschreiben Sie Ihre Haare?
18. Wie nennt man künstliches Haar?
19. Womit rasieren Sie sich lieber: einem normalen oder einem elektrischen Rasierapparat? Warum?
20. Wie nennt man einen Kopf ohne Haare?

Diskussionsthemen

1. Wie ich einen Friseur/eine Friseuse wähle.
2. Das Problem mit meinen Haaren (oder meiner Frisur).
3. Wieviel Zeit ich pro Tag mit Körperpflege verbringe.

Sich Vorstellen und Diskutieren

After work, two hairdressers are discussing the day's events at the shop, including anecdotes about the clients and their requests.

Enact this discussion in German.

to play (sports) **spielen, Sport treiben***
to win **gewinnen***
to lose **verlieren***
to throw **werfen***
to hit (a ball) **schlagen***
to serve (a ball) **auf•schlagen***
to score a point **einen Punkt machen**
to run **rennen*; laufen***
to swim **schwimmen**
to watch **zu•sehen*** (+ *dat.*)
to practice **üben**

unfair, unsportsmanlike **unsportlich**
tied **unentschieden**

sports fan **der Anhänger, -;** *f.* **-in**
athlete **der Athlet, -en;** *f.* **-in; der Sportler, -;** *f.* **-in**
amateur **der Amateur, -e;** *f.* **-in**
professional **der Berufssportler, -;** *f.* **-in**
spectator **der Zuschauer, -;** *f.* **-in**
game (match) **der (Wett)Kampf, -̈e; das Spiel, -e**
player **der Spieler, -;** *f.* **-in**
team **die Mannschaft, -en**
referee, umpire **der Schiedsrichter, -;** *f.* **-in**
point **der Punkt, -e**
victory **der Sieg, -e**
stadium **das Stadium, Stadien**
court **der (Spiel)Platz, -̈e**
field **das Spielfeld, -er**
indoor court **die Halle, -n**
line **die Linie, -n**
ball **der Ball, -̈e**
singles **das Einzelspiel, -e**
doubles **das Doppelspiel, -e**
tennis **das Tennis**
tournament **das Turnier, -e**
racket **der Tennisschläger, -; der Schläger, -**
net **das Netz, -e**
soccer **der Fußball**
goal post **der Torpfosten, -**
goal line **die Torlinie, -n**
goal **das Tor, -e**
goalkeeper **der Torwart, -e**
basketball **der Basketball**
track and field **die Leichtathletik**
track *(running)* **die Rennbahn, -en**
race **das (Wett)Rennen, -; der (Wett)Lauf, -̈e**
finish *(of a race)* **das Ziel, -e**
(finishing) tape **das Zielband, -̈er**
football **der amerikanische Fußball**
baseball **der Baseball**
boxing **das Boxen**
boxer **der Boxer, -**
heavyweight **das Schwergewicht, -e**
golf **das Golf**
golf club **der Golfschläger, -**
badminton **das Badminton; der Federball**
volleyball **der Volleyball**
swimming **das Schwimmen**
horseback riding **das Reiten**
wrestling **das Ringen**
fencing **das Fechten**
skating **das Eislaufen**
skiing **das Ski laufen (Schi laufen)**
hockey **das Eishockey**
(world) champion **der (Welt)Meister,** *f.* **-in**

Der Sport

14

Analyse der Zeichnung

1. Welche vier Sportarten sehen Sie auf dem Bild?
2. Nennen Sie die Bälle und Netze, die man sieht!
3. Tennis: Handelt es sich hier um ein Einzel- oder Doppelspiel? Woran erkennen Sie das?
4. Fußball: Welcher Spieler is der Torwart?
5. Wettrennen: Wer wird das Rennen gewinnen (order hat es gewonnen)?

Ausgangspunkte

6. Was ist ein Sportler (eine Sportlerin)?
7. Wieviele Spieler braucht man für ein Basketballspiel?
8. Wieviele Spieler gibt es in einem Fußballspiel?
9. Für welchen Sport braucht man ein Tier? Welches?
10. Welche Sportarten spielt man in einer Halle und welche auf einem Spielfeld?
11. Erklären Sie, was ein Stadion ist!
12. Wieviel kostet ein guter Tennis- oder Golfschläger?
13. Wozu benützt man ein Zielband in einem Rennen?
14. Wie heißt der Schwergewichtsmeister im Boxen? Wenn Sie ihn nicht nennen können, warum nicht?
15. Was versteht man unter „unentschieden"?
16. In welchen Sportarten haben deutsche Athleten Erfolg gehabt?
17. Welchem Sport sehen Sie gern zu? An welchen Sportarten nehmen Sie aktiv teil?
18. Beschreiben Sie in wenigen Worten ein Tennisspiel (Fußballspiel usw.), das Sie einmal gesehen haben!
19. Warum können Sie heute (nicht) Golf spielen?
20. Erläutern Sie: „Die Frage ist nicht, ob Sie gewinnen oder verlieren, sondern wie Sie das Spiel gespielt haben."

Diskussionsthemen

1. Meine Mannschaft.
2. Der Sport in meiner Schule oder Universität.
3. Wie man ______ spielt.

Sich Vorstellen und Diskutieren

The team has lost another game. At a meeting after the game, the players are discussing what went wrong. Each player has a different opinion.

Enact this discussion in German.

to have a picnic **ein Picknick machen, picknicken**
to park **parken**
to kneel **knien**
to cut **schneiden***
to slice **in Scheiben schneiden***
to spread *(butter on bread)* **streichen***
to uncork **öffnen, entkorken**
to discard **weg•werfen***
to pack **ein•packen**
to prepare **vor•bereiten**
to forget **vergessen***
to find **finden***

pleasant **erfreulich, angenehm**
unpleasant **unerfreulich, unangenehm**
shady **schattig**
sunny **sonnig**
practical **praktisch**

picnic **das Picknick, -e**
outing **der Ausflug, ¨e**
knife **das Messer, -**
sandwich **das Butterbrot, -e; das belegte Brot, -e**
cheese **der Käse, -; die Käsesorte, -n**
sausage **die Wurst, ¨e**
cold cuts **der Aufschnitt**
slice of bread **die Scheibe, -n Brot**
picnic basket **der Picknickkorb, ¨e**
wine **der Wein, -e**
bottle **die Flasche, -n**
cork **der Korken, -**
corkscrew **der Korkenzieher, -**
thermos jug **die Thermosflasche, -n**
beverage **das Getränk, -e**
soft drink **die Limonade, -n**
paper cup **der Pappbecher, -**
paper plate **der Pappteller, -**
sheet **das Tuch, ¨er**
blanket **die Decke, -n**
car **das Auto, -s; der Wagen, -**
tree **der Baum, ¨e**
place *(spot)* **der Platz, ¨e; die Stelle, -n**
grass **das Gras, ¨er**
ant **die Ameise, -n**
fly **die Fliege, -n**
mosquito **der Moskito, -s**

Das Picknick

15

1. Findet das Picknick auf diesem Bild in Amerika statt? Warum nicht oder warum doch?
2. Wo is das Auto geparkt?
3. Was tut der junge Mann, der die Flasche in der Hand hat?
4. Was macht das Mädchen gerade?
5. Was macht der junge Mann mit dem Messer?
6. Was könnte es in dem Picknickkorb geben?
7. Beschreiben Sie den Platz, an dem gepicknickt wird!
8. Worüber sprechen die jungen Leute wohl?
9. Was liegt auf dem Tuch?
10. Was halten die jungen Leute in der rechten Hand?
11. Würden Sie gerne an dem Picknick teilnehmen? Warum? Warum nicht?

12. Warum ist ein Picknick etwas Angenehemes?
13. Was kann bei einem Picknick unangenehm werden?
14. Ziehen Sie einen schattigen oder einen sonnigen Platz für ein Picknick vor? Warum?
15. Wie machen Sie ein belegtes Brot?
16. Warum is eine Thermosflasche praktisch?
17. Welchen Vorteil haben Pappbecher und -teller?
18. Was würden Sie tun, wenn Sie picknicken wollten und den Picknickkorb vergessen hätten?
19. Was würden Sie tun, wenn Sie Ameisen auf Ihrem belegten Brot fänden?
20. Was würde man für ein typisch amerikanisches Picknick einpacken?

Diskussionsthemen

1. Warum ich gern (nicht gern) picknicke.
2. Unterschiede zwischen amerikanischen und deutschen Butterbroten.
3. Ein Picknick, das ich niemals vergessen werde.

Sich Vorstellen und Diskutieren

A group of friends has arrived at the countryside for a day of picnicking. Their basket is full of food and drink, and their spirits are high. As the blankets are spread on the grass, something happens.

Enact the situation in German.

to swim **schwimmen***
to float **sich (auf dem Wasser) treiben lassen***
to surf, go surfing **surfen; wellen reiten***
to sail **segeln**
to sunbathe **ein Sonnenbad nehmen*; sich sonnen**
to rub oneself (with suntan lotion) **sich ein•reiben*; sich ein•schmieren**
to play **spielen**
to hand **reichen**
to warn **warnen**
to dig **graben***
to avoid **vermeiden***
watch out (for) **auf•passen (auf + acc.)**
to report **melden**
to get suntanned **braun werden***
to drown **ertrinken***

tanned **braungebrannt**
at the same time **gleichzeitig**
sometimes **manchmal**
dangerous **gefährlich**
alone **allein**
calm, quiet **ruhig**

beach **der Strand, ¨e**
ocean **der Ozean, -e; das Meer, -e**
sand **der Sand**
lighthouse **der Leuchtturm, ¨e**
wave **die Welle, -n;**
waves, surf **die Brandung, -en**
surfboard **das Surfbrett, -er**
windsurfer **das Segelbrett, -er**
ship **das Schiff, -e**
sailboat **das Segelboot, -e**
raft, float **das Floß, ¨e**
bathing suit **der Badeanzug, ¨e**
bikini **der Bikini, -s**
swim trunks **die Badehose, -n**
head **der Kopf, ¨e**
kerchief, scarf **das Kopftuch, ¨er**
cap **die Kappe, -n; die Mütze, -n**
hat **der Hut, ¨e**
bonnet **die Haube, -n**
thermos bottle **die Thermosflasche, -n**
shovel **die Schaufel, -n**
sandcastle **die Sandburg, -en**
carry-all, beach bag **die Strandtasche, -n**
towel **das Handtuch, ¨er**
bath towel **das Bade(hand)tuch, ¨er**
blanket **die Decke, -n**
sunglasses **die Sonnenbrille, -n**
binoculars **das Fernglas, ¨er**
(beach) umbrella **der Sonnenschirm, -e**
salt water **das Salzwasser**
fresh water **das Süßwasser**
suntan lotion **das Sonnenöl, -e**
suntan creme **die Sonnenschutzcreme, -s**
sunburn **der Sonnenbrand, ¨e**
shell **die Muschel, -n**
shade **der Schatten, -**
ball **der Ball, ¨e**
pail **der Eimer, -**
radio **das Radio, -s**
(canopied) beach chair **der Strandkorb, ¨e**
deck chair **der Liegestuhl, ¨e**
proximity **die Nähe**
life guard **der Bademeister, -**; *f.* **-in**
shark **der Hai, -e**
jellyfish **die Qualle, -n**

Am Strand

16

Analyse der Zeichnung

1. Auf dem Bild sind zwei Radios. Wer hat sie, und wo befinden sie sich?
2. Was möchte das kleine Mädchen mit der Haube gern tun?
3. Was tut die Dame, die auf der Decke sitzt?
4. Wohin schaut der Mann mit dem Fernglas?
5. Was dürfte die Dame mit dem Kopftuch wohl zu dem Herrn mit der Kappe sagen, und was er zu ihr?
6. Wer hat ein Floß, und wohin geht er damit?
7. Was tun die Jungen links in der Nähe des Wassers?
8. Wo sehen Sie ein kleines Segelboot?
9. Wer trägt eine Sonnenbrille?
10. Welche Dinge könnte die Dame in ihrer Strandtasche haben?
11. Wo sehen Sie Muscheln?
12. Wo sind die Thermosflaschen?
13. Was sagt der junge Mann mit dem Radio wohl zu dem Mädchen im Bikini?

Ausgangspunkte

14. Welche Funktion hat ein Leuchtturm?
15. Kann man sich besser in Salzwasser oder in Süßwasser treiben lassen?
16. Warum kann ein Sonnenbrand gefährlich sein? Was kann man tun, um ihn zu vermeiden?
17. Was ist der Unterschied zwischen einem Sonnenschirm und einem Strandkorb?
18. Warum ist es manchmal schwer, im Ozean zu schwimmen?
19. Ist es für Sie schwer (leicht) an den Strand zu fahren? Erläutern Sie Ihre Antwort!
20. Worauf muß man am Strand aufpassen?

Diskussionsthemen

1. Surfbretter und Segelbretter.
2. Ich gehe lieber in die Berge als an den Strand.
3. Was man am Strand alles tun kann.

Sich Vorstellen und Diskutieren

While enjoying a sunny day on the beach, you and your friends see an empty raft floating to shore. You decide to tell the lifeguard on duty.

Enact the situation in German.

to hunt **jagen**
to go camping **zelten gehen***
to camp **zelten**
to aim **zielen**
to shoot (at) **schießen* (auf)**
to fish **angeln (nach)**
to catch **fangen***
to cast (a fishing line) **(eine Angel) aus•werfen***
to paddle **paddeln; rudern**
to climb **klettern**
to cook **kochen**
to pack **einpacken**
to point (to) **hin•deuten (auf)**

red **rot**
useful **nützlich**
inside **im Innern; innen**

outdoor activity **die Freiluftbeschäftigung, -en**
fisherman **der Angler, -;** *f.* **-in**
hunter **der Jäger, -;** *f.* **-in**
camper **der Zelter, -;** *f.* **-in**
hiker **der Wanderer, -; die Wanderin**
canoeist **der Kanut, -en**
camp **das Lager, -**
camp-site **der Lagerplatz, ¨-e**
tent **das Zelt, -e**
fishing rod **die Angel, -n**
reel **die Rolle, -n**
gun, rifle **das Gewehr, -e**
canoe **das Paddelboot, -e; das Kanu, -s**
paddle **das Ruder, -**
bow *(of a boat)* **der Bug**
stern *(of a boat)* **das Heck**
fire **das Feuer, -**
campfire **das Lagerfeuer, -**
sleeping bag **der Schlafsack, ¨-e**
game bag **die Jagdtasche, -n**
knapsack **der Rucksack, ¨-e**
skillet **die (Brat)Pfanne, -n**
deer **das Wild**
fish **der Fisch, -e**
trout **die Forelle, -n**
(casting) fly **die (Angel)fliege, -n**
clothes **die Kleidung** *(sing. only)*
interior **das Innere**
scene **die Szene, -n**
mountain **der Berg, -e**
top of the mountain **der Gipfel (des Berges)**
hike **die Wanderung, -en**
day trip **die Tageswanderung, -en**
season **die Jahreszeit, -en**
winter **der Winter**
summer **der Sommer**
spring **der Frühling, das Frühjahr**
fall **der Herbst**
song **das Lied, -er**

Freiluftbeschäftigungen

17

Analyse der Zeichnung

1. Wer klettert auf einen Berg?
2. Wer ist im Bug, und wer ist im Heck des Paddelbootes?
3. Was tut der Zelter auf dem Bild oben rechts?
4. Sie sehen zwei Feuer: welches ist ein kleines Feuer und welches ein Lagerfeuer?
5. Warum könnte der Angler eine Pfanne gebrauchen?
6. Was deutet darauf hin, daß der Mann nicht nur zeltet sondern auch angelt?
7. Was könnte im Innern des Zeltes sein?
8. Woher wissen Sie, daß der Jäger nicht auf Wild schießt?
9. Was hat der Angler auf dem Hut?
10. Warum nehmen wir an, daß der Angler nach Forellen angelt?
11. Was für Lieder werden im allgemeinen an einem Lagerfeuer gesungen?
12. Warum ziehen die meisten Jäger rote Kleidung vor?
13. Woran könnte der Kanut denken?

Ausgangspunkte

14. Wo angeln Sie am liebsten: in einem Fluß, in einem See, oder im Meer? Warum?
15. Was würden Sie für eine Tageswanderung in einen Rucksack einpacken?
16. Welche der sechs Szenen gefällt Ihnen am besten und warum?
17. Was wäre für Sie nützlicher, ein Paddelboot oder ein Gewehr? Warum?
18. Womit paddelt man in einem Kanu? Womit angelt man, und womit jagt man?
19. Welches is die beste Jahreszeit, um zelten zu gehen? Warum?
20. Nennen Sie einige Freiluftbeschäftigungen, die man nur im Sommer machen kann! Nennen Sie einige, die für den Winter (Herbst, Frühling) typisch sind!

Diskussionsthemen

1. Wie man einen Lagerplatz aussucht.
2. Meine Tage im Lager.
3. Was ich vom Gipfel des Berges aus sah.

Sich Vorstellen und Diskutieren

As the fisherman and his companion cook trout over the fire by the stream, they review the events of the day and narrate experiences from other camping trips when they were younger.

Enact this dialog in German.

to display **aus•stellen**
to consist (of) **bestehen (aus +** *dat.***)**
to have in common with **gemeinsam haben* mit**
to wear **tragen***
to differ (from) **sich unterscheiden* (von +** *dat.***)**
to look at **sich an•sehen*; sich an•schauen**
to try on **an•probieren**

single-breasted **einreihig**
double-breasted **zweireihig**
for sale **verkäuflich; zu verkaufen**
usually **gewöhnlich**
sleeveless **ärmellos**
daily **täglich**
relunctantly **ungern**
why, for what reason **weswegen**

men's shop **das Herrengeschäft, -e**
store window **das Schaufenster, -**
coat of arms **das Wappen, -**
mannequin **die (Schaufenster) Puppe, -n**
article of clothing **das Kleidungsstück, -e**
clothing *(in general)*, apparel **die Kleidung** *(sing. only)*
suit **der Anzug, ¨-e**
vest **die Weste, -n**
pants, trousers **die Hose, -n**
coat *(jacket)* **die Jacke, -n**
tie **die Krawatte, -n; der Schlips, -e**
bow tie **die Fliege, -n**
shirt **das (Herren)Hemd, -en**
sport shirt **das Sporthemd, -en**
sleeve **der Ärmel, -**
pocket **die Tasche, -n**
side pocket **die Hosentasche, -n**
hip pocket **die Hüfttasche, -n**
breast pocket **die Brusttasche, -n**
inside pocket **die Innentasche, -n**
handerchief **das Taschentuch, ¨-er**
underwear **die Unterwäsche**
undershirt **das Unterhemd, -en**
undershorts **die Unterhose, -n**
shorts **die kurze Hose, -n**
shoe **der Schuh, -e**
shoelace **der Schnürsenkel, -**
sock **die Socke, -n**
pair **das Paar, -e**
belt **der Gürtel, -**
buckle **die Schnalle, -n**
cuff **die Manschette, -n**
tie clasp **die Schlipsnadel, -n**
pullover *(sweater)* **der Pullover, -**
monogram **das Monogramm, -e**
collar **der Kragen, -**
button **der Knopf, ¨-e**
leather **das Leder**
wallet **das Portemonnaie, -s**
price tag **das Preisschild, -er**
special *(on sale)* **das Sonderangebot, -e**
close-out *(clearance)* **der Ausverkauf, ¨-e**
size **die Größe, -n**
measure **das Maß, -e**

Das Herrengeschäft

18

Analyse der Zeichnung

1. Beschreiben Sie die Kleidung der großen Schaufensterpuppe!
2. Beschreiben Sie die Kleidung der anderen drei Schaufensterpuppen!
3. Beschreiben Sie die Kleidungsstücke, die nicht von den Puppen getragen werden!
4. Welcher Artikel im Schaufenster ist wahrscheinlich der billigste?
5. Wo ist das Monogramm auf dem Sporthemd?
6. Ein Kleidungsstück, das fast alle Männer täglich tragen, ist in diesem Schaufenster nicht ausgestellt. Nennen Sie dieses Kleidungsstück!
7. Beschreiben Sie die Kleidung des jungen Mannes vor dem Schaufenster!
8. Ist das Wappen verkäuflich? Warum (nicht)?
9. Im Schaufenster sind einige Kleidungsstücke ausgestellt, die die meisten Männer nicht täglich tragen. Nennen Sie sie!
10. Inwiefern unterscheiden sich die Schuhe der Schaufensterpuppe von denen daneben?

Ausgangspunkte

11. Erklären Sie den Unterschied zwischen einer einreihigen und einer zweireihigen Jacke!
12. Was ist ein Preisschild?
13. Aus welchen Teilen besteht ein Anzug?
14. Aus welchen Kleidungsstücken besteht die Unterwäsche eines Mannes?
15. Was haben ein Gürtel, eine Brieftasche und ein Paar Schuhe oft gemeinsam?
16. Welche Herrenkleidungsstücke haben Knöpfe?
17. Wieviele Taschen hat eine Hose im allgemeinen?
18. Wo trägt der Amerikaner gewöhnlich sein Portemonnaie, wenn er einen Anzug trägt? Wo trägt es der Europäer normalerweise?
19. Was tragen Sie, wenn Sie zur Klasse gehen? Was würden Sie nicht tragen?
20. Welche beiden Maße muß man zum Kauf eines Herrenhemds wissen?

Diskussionsthemen

1. Was ich gern und was ich ungern trage und weswegen.
2. Wie man Kleidungsstücke im Schaufenster eines Herrengeschäfts ausstellt.
3. „Kleider machen Leute."

Sich Vorstellen und Diskutieren

Last night you dreamed you visited a men's shop to get some new clothes during a sale. Suddenly the mannequins came to life and started asking you questions and telling you what to wear!

Enact the dialog in German.

to shop **ein•kaufen**
to try on **an•probieren**
to go with **passen zu** (+ *dat.*)
to wear **tragen***
to look for **suchen**
to pick out **aus•suchen**
to charge **auf Kredit kaufen**
to charge somebody *(with an amount)* **jemandem (einen Betrag) in Rechnung stellen**
to pay cash **bar bezahlen**
to suit (someone) **(jemandem) passen**
to sell **verkaufen**
to spend **aus•geben***
to be right **recht haben***
to hold *(grasp)* **halten*, an•fassen**
to exchange **um•tauschen**

wash-and-wear **bügelfrei, pflegeleicht**
on display **ausgestellt**
for sale **verkäuflich, zu verkaufen**
authentic **echt, wahrheitsgetreu**
advantageous, profitable **vorteilhaft**
in front **vorn**
regular **regulär**

department store **das Warenhaus, ⸚er; das Kaufhaus, ⸚er**
counter **der Ladentisch, -e**
show case **die Vitrine, -n**
sale *(transaction)* **der Verkauf, ⸚e**
sale *(bargain)* **der Ausverkauf, ⸚e**
department **die Abteilung, -en**
saleswoman **die Verkäuferin, -nen**
salesman **der Verkäufer, -**
customer, shopper **der Kunde, -n, -n; die Kundin, -nen**
artificial flower **die Ansteckblume, -n**
jewelry **der Schmuck**
costume jewelry **der Modeschmuck**
piece of jewelry **das Schmuckstück, -e**
earring **der Ohrring, -e**
bracelet **das Armband, ⸚er**
necklace **die (Hals)Kette, -n**
brooch **die Brosche, -n**
drawer **die Schublade, -n**
mirror **der Spiegel, -**
amount **der Betrag, ⸚e**
cash register **die Kasse, -n**
money **das Geld**
article of clothing, garment **das Kleidungsstück, -e**
receipt **die Quittung, -en; der Bon, -s**
purse *(lady's)* **die Handtasche, -n**
hose, stockings **der Damenstrumpf, ⸚e**
hat **der Hut, ⸚e**
glove **der Handschuh, -e**
sweater **der Pullover, -**
cardigan **die Strickjacke, -n**
blouse **die Bluse, -n**
fur coat **der Pelzmantel, ⸚**
scarf **der Schal, -s**
size **die Größe, -n**
aisle **der (Durch)Gang, ⸚e**
special *(on sale)* **das Sonderangebot, -e**
skirt **der Rock, ⸚e**

Das Warenhaus

19

Analyse der Zeichnung

1. Was tut die Kundin, die vor der Vitrine mit den Ansteckblumen steht?
2. Was sucht die Verkäuferin in der Schublade?
3. Was tut die Kundin vor dem Spiegel?
4. Welche Dinge sind auf dem Ladentisch in der Schmuckabteilung, und welche sind im Vordergrund ausgestellt?
5. Warum sind nur Verkäuferinnen und keine Verkäufer zu sehen?
6. Was geschieht in der Handschuhabteilung?
7. Hält die Kundin im Hintergrund einen Pullover oder eine Bluse vor sich? Warum macht sie das?
8. Worüber sprechen der Kunde und die Verkäuferin in der Handtaschenabteilung wohl?
9. Woran erkennen Sie, daß die Handtasche vor dem Spiegel vorn rechts nicht verkäuflich ist?
10. Wo ist die Kasse, und was geschieht dort?
11. Was wäre in diesem Warenhaus am schwersten zu kaufen, wenn eine Kundin die Größe nicht wüßte? Warum?
12. Welche Verkäuferin trägt, was sie verkauft? Woran erkennen Sie das?

Ausgangspunkte

13. Welchen Vorteil haben Kreditkäufe?
14. Ist es vorteilhaft, bar zu bezahlen? Warum (nicht)?
15. Was ist der Unterschied zwischen einem Ausverkauf und einem regulären Verkauf?
16. Was ist ein Warenhaus?
17. „Der Kunde hat immer recht.“ Erläutern Sie!
18. Verkaufen Warenhäuser gern auf Kredit? Warum? Warum nicht?
19. Wären Sie gern Verkäufer (Verkäuferin) in einem Warenhaus? Warum? Warum nicht?
20. Manche Leute kaufen nicht gern im Warenhaus ein. Warum wohl?

Diskussionsthemen

1. Wie man ein Kleidungsstück umtauscht.
2. Warum ich (nicht) gern bügelfreie Kleidungsstücke trage.
3. Was ich für 5,000 Dollar in einem Warenhaus kaufen würde.

Sich Vorstellen und Diskutieren

Bring to life the illustration on the preceding page. Enact in German any of the dialogs you imagine are taking place. Involve as many customers and/or sales personnel as you like.

to go shopping (for groceries) **(Lebensmittel) ein•kaufen gehen**
to wait in line **sich an•stellen, Schlange stehen***
to slice **in Scheiben schneiden***
to peel **schälen**
to add (up) the bill **die Beträge zusammen•rechnen**
to pay cash **bar bezahlen**
to pay by check **mit Scheck zahlen**
to choose, select **aus•wählen**
to pack, put in bags **(ein)packen, in Tüten verpacken**
to reflect (on), think (over) **sich überlegen**
to drop **fallen lassen***
to spill **aus•schütten**
to melt **schmelzen***
to push **schieben***
to pick up **auf•heben***
to weigh **wiegen***
to contain **enthalten***

frozen **gefroren**
last, finally **zuletzt, schließlich**
expensive **teuer**
inexpensive **billig**
most of all **am meisten**
least of all **am wenigsten**

---

supermarket **der Supermarkt, ¨e**
customer **der Kunde, -n, -n; die Kundin, -nen**
checker **der Kassierer, -;** *f.* **-in**
counter **der Ladentisch, -e**
cash register **die Kasse, -n**
scale **die Waage, -n**
groceries **die Lebensmittel** *(pl.)*
shopping (grocery) list **die Einkaufsliste, -n**
shopping cart **der Einkaufswagen, -**
can **die Dose, -n; die Büchse, -n**
canned goods **die Konserven** *(pl.)*
paper bag **die Tüte, -n**
package **das Paket, -e; die Packung, -en**
fruit **die Frucht, ¨e; das Obst**
vegetable **das Gemüse, -**
banana **die Banane, -n**
peach **der Pfirsich, -e**
pear **die Birne, -n**
apple **der Apfel, ¨**
orange **die Orange, -n; die Apfelsine, -n**
grapefruit **die Pampelmuse, -n; die Grapefruit, -s**
tomato **die Tomate, -n**
carrot **die Karotte, -n; die Möhre, -n**
celery **der Sellerie, -s**
lettuce **der Kopfsalat**
cabbage **der Weißkohl**
spinach **der Spinat**
cauliflower **der Blumenkohl**
pea **die Erbse, -n**
rice **der Reis**
potato **die Kartoffel, -n**
flour **das Mehl**
milk **die Milch**
cheese **der Käse**
egg **das Ei, -er**
leaf **das Blatt, ¨er**
meat **das Fleisch**
meat counter **die Fleischabteilung, -en**
fish **der Fisch, -e**
beef **das Rindfleisch**
veal **das Kalbfleisch**
lamb **das Hammelfleisch**
chicken **das Huhn, ¨er**
chop **das Kotelett, -s**
apron **die Schürze, -n**
purchase **der Einkauf, ¨e**
special (sale) **das Sonderangebot, -e**
price **der Preis, -e**
pencil **der Bleistift, -e**
ear **das Ohr, -en**
weight **das Gewicht**
kilo **das Kilogramm, das Kilo** *(2.2 lb.)*
pound *(0.45 kg)* **das Pfund** *(500 grams, 0.5 kg)*
gram **das Gramm** *(1000 g = 1 kg)*
gallon **die Gallone, -n** *(3.78 l)*
liter *(1.056 quart)* **der Liter, -**
purse **die Handtasche, -n**
vegetarian **der Vegetarier, -;** *f.* **-in**

Der Supermarkt

20

Analyse der Zeichnung

1. Was hat das Kind gerade getan?
2. Welche Lebensmittel hat die Kundin bereits im Einkaufswagen?
3. Wer ist der Mann mit der Schürze, und was tut er?
4. Warum hat er einen Bleistift hinter dem Ohr, und wozu braucht er ihn?
5. Was sehen Sie rechts hinten im Bild?

Ausgangspunkte

6. Gehen Sie gerne Lebensmittel einkaufen? Warum (nicht)?
7. Wer kauft die Lebensmittel in Ihrer Familie ein? Warum?
8. Welches sind die teuersten und welches die billigsten Lebensmittel in einem Supermarkt?
9. Nennen Sie die Lebensmittel, die Sie für 20 Dollar kaufen würden!
10. Beschreiben Sie eine Frucht!
11. Beschreiben Sie eine Gemüsesorte!
12. Was enthält mehr Milch, eine Gallone oder vier Liter?
13. Wieviel Pfund sind fünf Kilo?
14. Welche Früchte schneidet man normalerweise in Scheiben? Welche Früchte schält man? Welche Früchte braucht man weder zu schälen noch in Scheiben zu schneiden?
15. Was ist der Unterschied zwischen Salat und Weißkohl?
16. Wenn Sie etwas Fleisch, einen Fisch oder ein Huhn kaufen, wofür müßten Sie pro Pfund am meisten und wofür am wenigsten zahlen?
17. Nennen Sie Lebensmittel, die man in Dosen kaufen kann!
18. Wann werden Lebensmittel im Supermarkt in Tüten verpackt?
19. Wo und wann muß man sich im Supermarkt anstellen?
20. Was versteht man unter einem Vegetarier (einer Vegetarierin)?

Diskussionsthemen

1. Der amerikanische Supermarkt.
2. Wie man Lebensmittel für die Familie im Supermarkt auswählt.
3. Unterschiede zwischen Kunden und Kundinnen im Supermarkt.

Sich Vorstellen und Diskutieren

You and a friend are at the supermarket. As you two roam the aisles to choose your groceries, it becomes apparent that your eating habits are quite different.

Enact this situation in German.

to display **aus•stellen**
to fill a prescription **eine Medizin laut Rezept zu•bereiten**
to find out **erfahren*, entnehmen***
to wait on (a customer) **bedienen** (+ *acc.*)
to prescribe **verschreiben***
to open **öffnen**
to chew **kauen**
to smoke **rauchen**

prescribed **verschrieben**
approximately **ungefähr, etwa**
alternately, by turns **abwechselnd**
instead of **anstelle, anstatt** (+ *gen.*)
let's see! **mal sehen!**
in addition to **außer** (+ *dat.*)

pharmacist on duty at night **die Apotheke hat Nachtdienst**
pharmacy, drugstore **die Apotheke, -n; die Drogerie, -n**
pharmacist; druggist **der Apotheker, -;** *f.* **-in**
prescription **das Rezept, -e; die Verschreibung, -en**
dose, dosage **die Dosis, Dosen**
drug **das Medikament, -e; die Droge, -n**
medicine **die Medizin, -en; die Arznei, -en**
contents **der Inhalt**
doctor, physician **der Arzt, ¨-e;** *f.* **-in**
bottle **die Flasche, -n**
jar **die Dose, -n**
box **die Schachtel, -n**
tablet, pill **die Tablette, -n**
aspirin **das Aspirin**
(bar of) soap **(das Stück, -e) Seife** *(f.)*
(tube of) toothpaste **(die Tube, -n) Zahnpasta** *(f., pl:* **...pasten)**
mouth wash **das Mundwasser, -**
cosmetics **die Kosmetikartikel** *(pl.)*
perfume **das Parfum, -s; das Parfüm, -e**
toilet water, cologne **das Kölnischwasser, -**
nail polish **der Nagellack, -e**
nail-polish remover **der Nagellackentferner, -**
cough syrup **der Hustensaft, ¨-e**
pain reliever **das Schmerzmittel, -**
shampoo **das Schampun; das Haarwaschmittel, -**
sunglasses **die Sonnenbrille, -n**
label **das Etikett, -s; das Schild, -er**
(stick of) chewing gum **(das Stückchen, -) Kaugummi** *(m.)*
pack, package **das Päckchen, -; die Schachtel, -n**
carton **der Karton, -s**
cigarette **die Zigarette, -n**
cigar **die Zigarre, -n**
shelf **das Regal, -e**
magazine **die Zeitschrift, -en**
greeting card **die Glückwunschkarte, -n**
article **der Artikel, -**
wall *(interior)* **die Wand, ¨-e**

Die Apotheke

21

Analyse der Zeichnung

1. Nennen Sie einige der Artikel, die in den Regalen stehen!
2. Was könnte in der Flasche sein, die die Frau in der Hand hält?
3. Die Frau scheint das Etikett zu lesen. Was erfährt sie?
4. Was tut der Apotheker?
5. Welche Flaschen enthalten Nagellack?
6. Warum stehen die Drogen und Arzneien, die im Hintergrund zu sehen sind, nicht in den Regalen mit den Kosmetikartikeln?
7. Welche anderen Dinge, die auf dem Bild nicht zu sehen sind, kann man in einer typisch amerikanischen Apotheke kaufen?
8. Was ist an der Wand neben den Arzneien zu sehen?
9. Wen bedient der Apotheker? Woran können Sie das sehen?

Ausgangspunkte

10. Wo kauft man eine vom Arzt verschriebene Arznei?
11. Wieviele Zigaretten sind in einer Schachtel, und wieviele Schachteln sind in einem Karton?
12. Wieviele Stückchen Kaugummi sind in einem Päckchen, und wieviele Päckchen kaufen Sie ungefähr in einem Jahr?
13. In Europa und in einigen Orten der Vereinigten Staaten sind Apotheken abwechselnd die ganze Nacht geöffnet. Weshalb?
14. Was ist billiger: ein Stückchen Kaugummi oder eine Zigarette?
15. Welche Produkte werden in Schachteln oder Flaschen verkauft? Worin verkauft man Zahnpasta?
16. Erklären Sie den Unterschied zwischen einer Zigarette und einer Zigarre!
17. Nennen Sie eine Tablette, für die man vom Arzt kein Rezept braucht!
18. Was kann man anstelle eines Haarwaschmittels benutzen?
19. Welche Artikel, die in einer amerikanischen Apotheke verkauft werden, würde ein Mann wahrscheinlich für sich selbst kaufen und welche nur für eine Frau?
20. Was können Sie dem Etikett eines Arzneimittels entnehmen?

Diskussionsthemen

1. Der Unterschied zwischen einer Drogerie und einer Apotheke in Deutschland.
2. Kosmetikartikel für die Frau.
3. In Deutschland muß man den Apotheker um ein Schmerzmittel bitten. Aspirin steht nicht einfach auf dem Regal. Welche Vorteile hat dieses System? Welche Nachteile?

Sich Vorstellen und Diskutieren

In the illustration on the preceding page, each of the five persons is in the drugstore for a different reason. A few minutes later they are all talking to one another.

Enact their conversation in German.

to drive **fahren***
to steer **steuern, lenken**
to park **parken**
to blow a horn **hupen**
to keep *(store)* **auf•bewahren**
to pay attention **achten (auf +** *acc.***)**
to shift (into first gear, etc.) **(in den ersten Gang usw.) schalten**
to rain **regnen**
to snow **schneien**
to draw **zeichnen**
to select, choose **aus•wählen**
to start *(engine)* **an•lassen***
to own **besitzen***

various **verschieden**
inside **innen**
luxurious **luxuriös**
4-door **viertürig**
with hatchback **drei- bzw. fünftürig**
per hour **pro Stunde**

automobile, car **das Auto, -s; der Wagen, -**
used car **der Gebrauchtwagen, -**
model **das Modell, -e**
engine **der Motor, -en**
driver **der Fahrer, -;** *f.* **-in**
interior **das Innere, (+** *gen.***) -n**
front seat **der Vordersitz, -e**
rear seat **der Rücksitz, -e**
bucket seat **der Einzelsitz, -e**
seat belt **der Sicherheitsgurt, -e**
steering wheel **das Steuerrad, ¨-er; das Lenkrad, ¨-er**
horn **die Hupe, -n**
hood **die Motorhaube, -n**
windshield **die Windschutzscheibe, -n**
windshield wiper **der Scheibenwischer, -**
glove compartment **das Handschuhfach, ¨-er**
dashboard **das Armaturenbrett, -er**
heater **die Heizung, -en**
air conditioning **die Klimaanlage, -n**
radio **das Radio, -s**
button, knob **der Knopf, ¨-e**
trunk **der Kofferraum, ¨-e**
part **der Teil, -e**
speed **die Geschwindigkeit, -en**
speedometer **der Tachometer, -; der Tacho, -s; der Geschwindigkeitsmesser, -**
mile **die Meile, -n** *(1.6 kilometers)*
kilometer **der Kilometer, -** *(0.62 mile)*
door **die Tür, -en**
odometer **der Kilometerzähler, -**
gear **der Gang, ¨-e**
turn signal **der Blinker, -**
clutch pedal **das Kupplungspedal, -e**
gas pedal **das Gaspedal, -e**
brake pedal **das Bremspedal, -e**
power brakes **die Servobremse, -n**
emergency brake **die Handbremse, -n (Auto)**
handle **der Griff, -e**
window **das Fenster, -**
push-button windows **die automatischen Fenster**
side mirror **der Seitenspiegel, -**
rear-view mirror **der Rückspiegel, -**
transmission **die Schaltung, -en**
automatic transmission **die Automatik**
standard (stick) transmission **die Gangschaltung, -en**
sun visor **die Sonnenblende, -**
armrest **die Armlehne, -n**
ash tray **der Aschenbecher, -**
map **die Karte, -n**
tool **das Werkzeug, -e**

Das Auto

22

Analyse der Zeichnung

1. Woran erkennen Sie, daß dieser Wagen keine automatischen Fenster hat?
2. Woran sieht man, daß dieses Auto kein Modell für den englischen Markt ist?
3. Was befindet sich zwischen den Sonnenblenden?
4. Was sehen Sie am Armaturenbrett?
5. Was für eine Schaltung hat dieser Wagen?
6. Wie heißt das Pedal rechts vom Bremspedal?
7. Wozu dient das Pedal links vom Bremspedal?
8. Wo befinden sich die Sicherheitsgurte?
9. Woran erkennen Sie, daß dieses Auto einen Rücksitz hat?
10. Was sieht man an der rechten Tür, was man nicht an der linken sehen kann?
11. Wo müßte man sitzen, um das Bild so zu sehen, wie es gezeichnet ist?
12. Wo befindet sich der Motor?
13. Wozu dienen die Scheibenwischer?

Ausgangspunkte

14. Was ist der Unterschied zwischen einem Kilometerzähler und einem Geschwindigkeitsmesser?
15. Wann benutzen Sie die Handbremse?
16. Auf der deutschen Autobahn fahren manche 200 Kilometer pro Stunde. Wieviele Meilen fahren sie innerhalb einer Stunde?
17. Wieviel Kilometer sind 800 Meilen?
18. Wozu benutzt ein guter Fahrer (eine gute Fahrerin) den Seiten- und Rückspiegel?
19. Nennen Sie einige Dinge, die Sie im Handschuhfach aufbewahren!
20. Beschreiben Sie Ihren Wagen (oder den Wagen, den Sie gerne haben möchten)!

Diskussionsthemen

1. Beschreibung des Innern eines Autos.
2. Wie man ein Auto auswählt.
3. Worauf ein guter Autofahrer (eine gute Fahrerin) achten muß.

Sich Vorstellen und Diskutieren

Imagine that you meet with the last four owners of your used car. What do they say about its present condition? Why did each of them buy or sell it? In retrospect, were their decisions wise ones?

Enact the dialog in German.

to take a trip **eine Reise machen**
to turn on *(headlight; oven, stove)* **an•stellen**
to fill with gas **voll•tanken**
to change (the oil) **(das Öl) wechseln**
to lubricate, grease **ab•schmieren**
to get gas **tanken**
to check the tire pressure **den Reifendruck prüfen**
to start (engine) **an•lassen***
to consume, use up **verbrauchen**
to run *(the engine)* **(den Motor) laufen lassen***
to charge *(battery)* **auf•laden***
to drive **fahren***
to own **besitzen***
to hurt, do harm to *(said of things)* **beschädigen**
to identify **identifizieren**
to save **sparen**
"to kill two birds with one stone" **„zwei Fliegen mit einer Klappe schlagen"***
to be O.K. **in Ordnung sein***

foreign **ausländisch**
far **weit**
finished, ready **fertig**
regular *(gas)* **normal**
super *(gas)* **super**
unleaded *(gas)* **bleifrei**
with hatchback **drei- bzw. fünftürig**

---

gas station **die Tankstelle, -n**
automobile, car **das Auto, -s; der Wagen, -**
convertible **das Kabriolett, -s**
sunroof **das Sonnendach, ¨er**
station wagon **der Kombiwagen, -**
motorist, driver **der Autofahrer, -;** *f.* **-in, -nen**
service **die Dienstleistung, -en; der Service, -s**
self-service **die Selbstbedienung**
service-station attendant **der Tankwart, -e**
tire **der Reifen, -**
white-wall tire **der Weißwandreifen, -**
spare tire **der Ersatzreifen, -**
wheel **das Rad, ¨er**
trunk **der Kofferraum, ¨e**
headlight **der Scheinwerfer, -**
tail light **das Rücklicht, -er**
bumper **die Stoßstange, -n**
tank **der (Benzin)Tank, -s**

gas pump **die Benzinpumpe, -n; die Zapfsäule, -n**
hose **der Schlauch, ¨e**
rack **die Hebebühne, -n**
lifting jack **der Wagenheber, -**
license plate **das Nummernschild, -er**
driver's license **der Führerschein, -e**
grease gun **die Schmierpistole, -n**
battery **die Batterie, -n**
radiator **der Kühler, -**
(cost of) upkeep **die Unterhaltungskosten** *(pl. only)*
model **das Modell, -e**
gasoline **das Benzin**
gallon **die Gallone, -n** *(3,7 Liter)*
liter **der Liter, -** *(0,26 Gallonen)*
oil **das Öl**
map **die Landkarte, -n**
seat **der Sitz, -e**
use **der Gebrauch** *(no pl. here);* **die Anwendung, -en**

bumer sticker **das Abziehbild, -er**
maintenance **die Inspektion**

Die Tankstelle

23

Analyse der Zeichnung

1. Was hält der Mann, der unter dem Auto auf der Hebebühne steht, in der Hand, und was tut er gerade?
2. Wie wissen wir, daß der Autofahrer eine Reise machen will?
3. Was macht der Tankwart im Vordergrund?
4. Welche Teile des Autos erkennen Sie? Wasfür Reifen hat das Auto?
5. Wozu dienen die beiden Schläuche?
6. Wie unterscheidet sich der Wagen auf der Hebebühne von dem an der Benzinpumpe?
7. Wieso schlägt der Tankwart „zwei Fliegen mit einer Klappe"?
8. Warum scheint der Wagen ein ausländisches Modell zu sein?

Ausgangspunkte

9. Warum muß man ein Nummernschild am Wagen haben? Wozu braucht man einen Führerschein?
10. Warum muß Wasser immer im Kühler sein?
11. Was kann man vom Nummernschild eines Wagens erfahren?
12. Wenn Sie einen Tank mit 60 Litern gefüllt haben, wieviele Gallonen haben Sie dann ungefähr getankt?
13. Wie oft (nach wieviel Meilen) wechselt man normalerweise das Öl?
14. Erklären Sie, was Selbstbedienung ist!
15. Beschreiben Sie ein bekanntes Abziehbild!
16. Warum soll man die Scheinwerfer nicht anstellen, wenn der Motor nicht läuft?
17. Warum bringt man einen Wagen zur Tankstelle, wenn man ihn abschmieren lassen will?
18. Beschreiben Sie Ihren Wagen! Wenn Sie keinen besitzen, sagen Sie uns, warum?
19. Wie weit können Sie mit 20 Gallonen Benzin im Tank fahren, wenn Ihr Wagen für 15 Meilen eine Gallone verbraucht?
20. Warum haben die meisten Tankstellen mehr als eine Zapfsäule?

Diskussionsthemen

1. Die Unterhaltungskosten eines Wagens.
2. Die Pflichten eines Tankwarts.
3. Wie man Benzin spart. Die Vorteile vom bleifreien Benzin.

Sich Vorstellen und Diskutieren

Imagine that the man holding a map in the illustration on the preceding page is going on a long journey. The mechanic notices that his car is not in good condition and tells him that a few things need to be fixed before he leaves. The man is thankful for his advice but has some concerns.

Enact the dialog in German.

to book a flight **einen Flug buchen**
to board (a plane) **(in ein Flugzeug) ein•steigen***
to check the baggage **das Gepäck auf•geben***
to pick up the baggage **das Gepäck ab•holen**
to lose **verlieren***
to take off **ab•fliegen***
to land **landen**
to fasten the seatbelt **den Sicherheitsgurt an•schnallen**
to show *(documents)* **vor•zeigen**
to go abroad **ins Ausland fahren***
to converse (with) **sich unterhalten* (mit +** ***dat.*****)**
to keep *(in a place)* **auf•bewahren**
to belong to **gehören (+** ***dat.*****)**
to declare, pay duty on **verzollen**
to occupy **besetzen**
to inspect **kontrollieren**

domestic **inländisch**
foreign **ausländisch**
duty-free **zollfrei**

airport **der Flughafen, ¨**
(travel) route **die Reiseroute, -n**
airline **die Fluggesellschaft, -en; die Fluglinie, -n**
airplane **das Flugzeug, -e**
jet **das Düsenflugzeug, -e**
pilot **der Pilot, -en, -en;** *f.* **-in**
flight attendant **der Flugbegleiter, -;** *f.* **-in**
flight **der Flug, ¨e**
airline ticket **die Flugkarte, -n**
waiting list **die Warteliste, -n**
reservation **die Reservierung, -en**
gate **der Flugsteig, -e**
observation platform **die Aussichtsterrasse, -n**
control tower **der Kontrollturm, ¨e**
security **das Sicherheitspersonal; die Sicherheit**
(non)smoker **der (Nicht)Raucher, -**
waiting room **der Warteraum, ¨e**
baggage-claim **die Gepäckausgabe, -n**
passenger **der Passagier, -e;** *f.* **-in**
tourist **der Tourist, -en, -en;** *f.* **-in**
customs authorities **die Zollbehörde, -n**
customs **der Zoll**
documents *(passport, entry card, vaccination card, etc.)* **die Dokumente, die Papiere**
passport **der (Reise)Paß, ¨sse**
baggage **das Gepäck**
suitcase, bag **der Koffer, -**
baggage inspection **die Gepäckkontrolle, -n**
baggage cart **der Gepäckkarren, -**
cockpit **das Cockpit, -s**
engine **der Motor, -en**
wing **der Flügel, -**
tail **das Heck, -s**
seat **der (Sitz)Platz, ¨e**
aisle **der Gang, ¨e**
take-off **der Abflug, ¨e**
runway **die Landebahn, -en**
landing **die Landung, -en**
shop, store **das Geschäft, -e**
article, goods **die Ware, -n**
first class **die erste Klasse, -n**
economy class **die Touristenklasse, -n**
flag **die Flagge, -n; die Fahne, -n**
baby **das Baby, -s; der Säugling, -e**
difficulty **die Schwierigkeit, -en**

Der Flughafen

24

Analyse der Zeichnung

1. Warum hat das Flugzeug im Hintergrund keine Propeller?
2. Was bedeutet die Fahne auf dem Flugzeug?
3. Wo könnten sich die Piloten der zwei Flugzeuge befinden?
4. Wo sehen Sie eine Flugbegleiterin?
5. Woran erkennen Sie, daß das Flugzeug im Vordergrund bald abfliegen wird?
6. Welcher Passagier könnte während des Fluges Schwierigkeiten haben? Warum?
7. Wer hat seinen kleinen Koffer nicht aufgegeben?
8. Wo muß der Herr den kleinen Koffer im Flugzeug aufbewahren?
9. Was hält der Mann im Vordergrund links in den Händen?
10. Wo befindet sich der Warteraum?

Ausgangspunkte

11. Was ist eine Warteliste?
12. Von wo kann man einen Passagier (eine Passagierin) beim Abflug sehen?
13. Was muß ein Passagier (eine Passagierin) beim Abflug und bei der Landung tun? Was darf er (sie) nicht tun?
14. Nennen Sie Unterschiede zwischen der ersten Klasse und der Touristenklasse!
15. Wo holt man sein Gepäck ab? Wo muß man die Koffer kontrollieren lassen?
16. Wo müssen Sie nach einem Flug von New York nach Frankfurt Ihre Papiere vorzeigen?
17. Was ist ein Tourist (eine Touristin)?
18. Sitzen Sie lieber bei den Rauchern oder bei den Nichtrauchern?
19. Warum gibt es auf Flughäfen, auf denen nur inländische Flugzeuge landen, keine Zollbehörden?
20. Was versteht man unter zollfreien Waren? Wo kauft man sie?

Diskussionsthemen

1. Beschreibung eines Flughafens (oder eines Flugzeugs).
2. Als die Fluglinie mein Gepäck verlor.
3. Die Pflichten eines Flugbegleiters (einer Flugbegleiterin). Die Sicherheit im Flugzeug.

Sich Vorstellen und Diskutieren

An international flight has covered most of the distance to Frankfurt. Some passengers are walking about and conversing, since it has been a long flight.

Enact the discussion among several passengers in German.

to travel **reisen**
to depart **ab•fahren***
to arrive **an•kommen***
to come in *(train)* **ein•laufen***
to stop (at) **an•halten***
to help **helfen***
to carry **tragen***
to drag, lug about **schleppen**
to check the baggage **das Gepäck auf•bewahren**
to browse, leaf through **durch•fliegen***
to be located **sich befinden***
to be situated **liegen***
to change *(train)* **um•steigen***
to be late **sich verspäten**
to miss *(train, bus)* **verpassen**
to spend *(time)* **verbringen***

main **Haupt-...**
instead of **anstatt** (+ *gen.*)
inexpensive(ly) **billig**
late; too late **spät; zu spät**
early; too early **früh; zu früh**
diesel **Diesel-...**
electric **elektrisch**
at what time **um wieviel Uhr**
according to **laut** (+ *dat.*)
in comparison to **im Vergleich zu**
all aboard! **alles einsteigen!**
on time **pünktlich**

railroad station **der Bahnhof, ⸚e**
arrival **die Ankunft**
departure **die Abfahrt**
ticket **die Fahrkarte, -n**
ticket window **der Fahrkartenschalter, -**
one-way ticket **die einfache Fahrkarte, -n**
round-trip ticket **die Rückfahrkarte, -n**
timetable **der Fahrplan, ⸚e**
train **der Zug, ⸚e**
route *(train, bus)* **die Strecke, -n**
freight train **der Güterzug, ⸚e**
express train **der Schnellzug, ⸚e; D-Zug**
local train **der Personenzug, ⸚e; E-Zug**
pullman car **der Schlafwagen, -**
dining car **der Speisewagen, -**
locomotive **die Lokomotive, -n**
conductor **der Schaffner, -;** *f.* **-in**
engineer **der Lokomotivführer, -;** *f.* **-in**

porter **der Gepäckträger, -**
baggage check room **die Gepäckaufgabe, -n**
locker **das Schließfach, ⸚er**
suitcase **der Koffer, -**
baggage **das Gepäck**
baggage cart **der Gepäckkarren, -**
passenger **der Passagier, -e;** *f.* **-in**
first class **die erste Klasse**
second class **die zweite Klasse**
track **das Gleis, -e**
platform **der Bahnsteig, -e**
newsstand **der Zeitungsstand, ⸚e**
magazine **die Zeitschrift, -en**
coat **der Mantel, ⸚**
comparison **der Vergleich, -e**

Der Bahnhof

25

Analyse der Zeichnung

1. Was für eine Lokomotive steht auf dem Gleis?
2. Wo befinden sich die Schaffner?
3. Was tut der junge Mann am Zeitungsstand?
4. Wessen Koffer sind auf dem Gepäckkarren?
5. Was geschieht am Fahrkartenschalter?
6. Fährt die ältere Dame ab, oder kommt sie gerade an? Wie wissen Sie das?
7. Was macht der Mann mit dem Mantel?

Ausgangspunkte

8. Nennen Sie zwei Arten von Lokomotiven?
9. Was bedeutet „Alles einsteigen!"?
10. Wie kann ein Gepäckträger Ihnen helfen?
11. Wieviel bezahlen Sie einem Gepäckträger, der vier Koffer für Sie zum Zug gebracht hat?
12. Was kann man auf einem Bahnhof tun, wenn man lange warten muß?
13. Wo ißt man im Zug?
14. Welches sind die Vorteile einer Rückfahrkarte?
15. Wie verbringt man die Zeit im Zug?
16. Was ist ein Fahrplan?
17. Wo bewahrt man sein Gepäck auf, wenn man sehr früh auf dem Bahnhof angekommen ist?
18. Welche andere Möglichkeit gibt es, das Gepäck auf dem Bahnhof aufzubewahren?
19. Was ist der Hauptunterschied zwischen einem E-Zug und einem D-Zug?
20. Um wieviel Uhr kommt ein Zug abends an, wenn er laut europäischem Fahrplan um 19:00 Uhr einlaufen soll?

Diskussionsthemen

1. Ein Tag im Leben eines Schaffners (einer Schaffnerin).
2. Warum sich der Zug verspätet hat.
3. Europäische Züge im Vergleich zu amerikanischen Zügen.

Sich Vorstellen und Diskutieren

In the railroad station of Koblenz, halfway to Basel, passengers on the Köln-Basel express were allowed to leave the train for a few minutes. Two of them missed the "All aboard" and the train left, along with their baggage. Imagine you are one of these passengers and must solve the problems, beginning at the ticket window.

Enact the situation in the railroad station in German.

to go on a voyage **eine Seereise machen**
to sail **ab•fahren***
to wave **winken**
to sink **unter•gehen***
to converse, chat **sich unterhalten***
to recognize **erkennen***
to dream **träumen**

responsible (for) **verantwortlich (für)**
together **zusammen**
ready **fertig, bereit**

harbor, port **der Hafen, ¨**
pier, dock **der Anlegeplatz, ¨e**
ship **das Schiff, -e**
captain **der Kapitän, -e**
sailor **der Matrose, -n**
passenger **der Passagier, -e;** *f.* **-in**
lifeboat **das Rettungsboot, -e**
tugboat **der Schlepper, -**
steamer **der Dampfer, -e**
freighter **das Frachtschiff, -e; der Frachter, -**
navy **die Marine**
submarine **das Unterseeboot, -e; das U-boot, -e**
aircraft carrier **der Flugzeugträger, -**
destroyer **der Zerstörer, -**
war-ship **das Kriegsschiff, -e**
deck **das Deck, -s**
porthole **das Bullauge, -n**
mast **der Mast, -e**
propeller **die Schiffsschraube, -n**
bow **der Bug**
stern **das Heck**

cabin **die Kabine, -n**
stateroom **die Luxuskabine, -n**
sea **die See, -n; das Meer, -e**
skyline **die Silhouette, -n**
smoke **der Rauch**
smokestack **der Schornstein, -e**
seagull **die Möwe, -n**
truck **der Lastwagen, -**
building **das Gebäude, -**
side **die Seite, -n**
pennant **das Fähnchen, -**
number **die Anzahl**

Der Hafen

26

Analyse der Zeichnung

1. Können Sie auf diesem Bild erkennen, wo der Bug und wo das Heck des großen Schiffes ist? Wenn ja, wie können Sie es erkennen? Wenn nicht, warum nicht?
2. Woher wissen Sie, daß das Schiff am Anlegeplatz kein Kriegsschiff ist?
3. Wo sind die Bullaugen? Wieviele gibt es?
4. Warum kann man keine Kabinen sehen?
5. Nennen Sie die Anzahl der Decks und sagen Sie, wen Sie darauf sehen!
6. Warum scheint das große Schiff im Hintergrund ein Frachter zu sein?
7. Woher kommt der Rauch?
8. Wo sehen Sie einen Lastwagen?
9. Beschreiben Sie die Silhouette der Stadt, die Sie im Hintergrund sehen!
10. Wo kann man einige Fähnchen erkennen?
11. Worüber unterhalten sich wohl die drei Männer, die zusammen am Pier stehen?
12. Warum ist die Möwe typisch für ein Hafenbild?
13. Woher wissen Sie, daß die Dame links jemand auf dem Schiff kennt?
14. Beschreiben Sie den Hafen!

Ausgangspunkte

15. Wer ist auf einem Schiff für alles verantwortlich?
16. Wann wird ein Rettungsboot benützt?
17. An welchem Ende des Schiffes ist die Schiffsschraube?
18. Wenn jemand Ihre Reise nach Deutschland bezahlte, würden Sie gerne fahren? Wenn nicht, warum nicht? Wann wären Sie bereit abzufahren?
19. Was ist ein Unterseeboot?
20. Nennen Sie den Unterschied zwischen einem Flugzeugträger und einem Zerstörer!

Diskussionsthemen

1. Wie ein Matrose einen Hafen sieht.
2. Eine Seereise, von der ich oft träume.
3. Der Hafen, vom Schiff aus gesehen.

Sich Vorstellen und Diskutieren

This is your first cruise. As the ship leaves the dock, you stroll on the decks and discuss what you see with other passengers more knowledgeable than you about ships and the routine of the sea.

Enact this dialog in German.

to mail **ab•schicken**
to deliver mail **Post aus•tragen***
to put postage stamps on **frankieren**
to weigh **wiegen***
to register (*certify*) a letter **einen Brief per Einschreiben schicken**
to hold **halten***
to lose **verlieren***
to put (*into a mailbox*) **ein•werfen***
to look for **suchen**
to find out **erfahren***

red **rot**
blue **blau**
necessary **erforderlich**
at home **im Inland** (*das Inland*)
abroad **im/ins Ausland** (*das Ausland*)

post office **das Postamt, ⸗er**
post card **die Postkarte, -n**
envelope **der (Brief) Umschlag, ⸗e**
mail **die Post**
airmail **die Luftpost**
special delivery **per Eilboten, per Expreß**
stamp **die (Brief) Marke, -n**
special stamp (*issue*) **die Sondermarke, -n**
commemorative stamp **die Gedenkmarke, -n**
regular mail **die normale Post**
registered letter **der Einschreibebrief, -e**
dispatch **die Absendung**
return address **der Absender, -**
postmark **der Poststempel, -**
fee **die Gebühr, -en**
postage **das Porto, die Gebühr, -en**
address **die Adresse, -n; die Anschrift, -en**
(*clerk's*) window **der Schalter, -**
standing desk, high desk **das Stehpult, -e**
postage meter **die Frankiermaschine, -n**
metered postage **die Frankierung, -en**
sheet of stamps **der Bogen (⸚) Briefmarken, die Briefmarken** (*pl.*)
mail carrier **der Briefträger, -**; *f.* **-in**
post-office box **das Postfach, ⸗er**
general delivery **postlagernd**
zip code **die Postleitzahl, -en**
C.O.D. **per Nachnahme**
package **das Paket, -e; das Päckchen,-**
ounce (*28.4 grams*) **die Unze, -n**
pound **das Pfund, -e**
purse **die Handtasche, -n**
color **die Farbe, -n**
front side **die Vorderseite, -n**
back side **die Rückseite, -n**
area of responsibility **der Leitungsbereich, -e**

Das Postamt

27

Analyse der Zeichnung

1. Was macht die Frau im Vordergrund?
2. Woran sehen Sie, daß diese Frau bald Briefmarken benutzen wird?
3. Was macht die Dame links im Bild?
4. Welche Personen tragen Pakete, und wo befinden sie sich?
5. Welche Person trägt nichts in der Hand, und wo befindet sie sich?

Ausgangspunkte

6. Wieviel kostet eine Briefmarke für einen Inlandsbrief?
7. Was ist eine Postkarte, und wie hoch ist die Gebühr dafür?
8. Was bedeutet „per Nachnahme"?
9. Woran erkennen Sie einen Luftpostumschlag?
10. Was versteht man unter einer „Frankiermaschine"?
11. Warum ist die Postgebühr für das Ausland im allgemeinen höher als für das Inland?
12. An welchem Tag der Woche wird in den Vereinigten Staaten keine Post ausgetragen?
13. Warum schickt man einen Brief „postlagernd"?
14. Was erfährt man, wenn man den Poststempel liest?
15. Wieviel Gramm sind zwei Unzen?
16. Was ist der Unterschied zwischen normaler und eingeschriebner Post?
17. Auf welche Stelle des Umschlags schreibt man in den Vereinigten Staaten den Absender?
18. Wann schickt man einen Brief per Einschreiben?
19. Was geschieht, wenn man einen Brief ohne Briefmarke absendet?
20. Warum werden Pakete vor der Absendung gewogen?

Diskussionsthemen

1. Gedenkmarken der Vereinigten Staaten.
2. Der Leitungsbereich der Post in der Bundesrepublik.
3. Warum ich (kein) Briefträger ([keine] Briefträgerin) sein möchte.

Sich Vorstellen und Diskutieren

While waiting in line at the post office, customers exchange information and express their opinions on the postal system. As the line moves forward, each makes a different purchase or request at the clerk's window.

Enact the dialog among customers and with the clerk in German.

to stay at a hotel **in einem Hotel übernachten**
to register *(fill out the card)* **sich ein•tragen***
to check into a hotel **sich an•melden**
to check out of a hotel **sich ab•melden**
to show to the room **in das Zimmer führen**
to pay the bill **die Rechnung zahlen**
to clean **reinigen**
to call (for) **klingeln (nach)**
to receive, get **erhalten*, bekommen***
to follow (someone) **folgen** *(+dat.)*

outside **außerhalb** *(+gen.)*
allegedly **angeblich**

hotel **das Hotel, -s**
motel **das Motel, -s**
suitcase (bag) **der Koffer,-**
luggage, bags **das Gepäck**
doorkeeper **der Pförtner, -;** *f.*-**in**
front desk **der Empfang**
desk clerk, receptionist **der Empfangschef, -s; die Empfangsdame, -n**
(hotel) guest **der (Hotel) Gast, ¨-e** *(no fem.)*
mail **die Post**
mailbox **der Briefkasten, ¨-**
pigeonholes **die Postfächer** *(pl.)*
key **der Schlüssel, -**
bellhop **der Portier, -s**
lobby **die Hotelhalle, -n**
elevator **der Aufzug, ¨-e**
carpet **der Teppich, -e**
mirror **der Spiegel, -**
fur jacket **die Pelzjacke, -n**
hat **der Hut, ¨-e**
purse *(lady's)* **die Handtasche, -n**
characteristic **das Merkmal, -e**
floor *(on which one walks)* **der Fußboden, ¨-**
floor *(story)* **das Stockwerk, -e; die Etage, -n; der Stock, ¨-e**
ground floor (main floor, first floor) **das Erdgeschoß, -sse**
second floor *(European first floor)* **das erste Stockwerk, -e; die erste Etage, -n**
chambermaid **das Zimmermädchen, -**
waiter, waitress **der (Zimmer) Kellner, -;** *f.*-**in**
service **die Bedienung, der Service**
room service **die Zimmerbedienung**
tip **das Trinkgeld, -er**
bill **die Rechnung, -en**
logic **die Logik**
hand **die Hand, ¨-e**
system **das System, -e**
superstition **der Aberglaube, -ns,** *(no pl.)*
Single room **das Einzelzimmer, -**
double room **das Doppelzimmer, -**
bad luck **das Unglück, -e**

Das Hotel

28

Analyse der Zeichnung

1. Woran erkennt man, daß dies ein großes, erstklassiges Hotel ist?
2. Welche Personen tragen einen Hut?
3. Wieviele Koffer kann man sehen? Wo sind sie?
4. Wieviele Aufzüge hat das Hotel? Wo sind diese?
5. Woran erkennen Sie, daß sich die Gäste im Vordergrund anmelden und nicht abmelden?
6. Was trägt die Dame auf dem linken Arm? Was auf dem rechten Arm? Was hält sie in der linken Hand?
7. Wer gibt wem einen Schlüssel? Warum?
8. Wo sind die Postfächer, und was sieht man in einigen von ihnen?
9. Was sehen Sie rechts im Hintergrund?
10. Wieviele Portiers erkennen Sie, und wo sind sie? Was tun sie gerade?

Ausgangspunkte

11. Wann bezahlt der Gast normalerweise seine Rechnung?
12. Wann und warum gibt man in allgemeinen einem Portier ein Trinkgeld?
13. Wann und warum klingelt man nach dem Zimmerkellner (dem Zimmermädchen)?
14. Wissen Sie, daß die meisten großen Hotels das 13.Stockwerk als das 14. bezeichnen? Wie erklären Sie das?
15. Wissen Sie, daß außerhalb der Vereinigten Staaten das Stockwerk, das wir normalerweise das „erste Stockwerk" nennen, das Erdgeschoß ist, das „zweite Stockwerk" das erste usw.? Worauf beruht die Logik der beiden Systeme?
16. Warum haben die Motels normalerweise keine Aufzüge?
17. Wer reinigt die Hotelzimmer? Wann und wie oft?
18. Wie sagt man auf deutsch; „the carpet on the floor of the third floor"?
19. Ziehen Sie es vor, in einem Hotel oder einem Motel zu übernachten? Warum?
20. Wie erhält man Post in einem Hotel?

Diskussionsthemen

1. Der Unterschied zwischen einem Hotel und einem Motel.
2. Unterschiede zwischen europäischen und amerikanischen Hotels.
3. Das beste Hotel, in dem ich je übernachtet habe.

Sich Vorstellen und Diskutieren

While a bellhop waits with their bags, a family of four is about to check in at the front desk of a large hotel where they had reserved two double rooms for three nights. Enact in German the scenes that get them registered, then transported to their floor, and finally installed in their designated rooms.

to take *(eat, drink)* **nehmen***
to ask for, request, order **bestellen**
to ask for the coffee to be served **sich den Kaffee servieren lassen***
to try, test, sample **kosten**
to be sold out, be out of **es gibt kein-...mehr**
to put on the bill **auf die Rechnung setzen**
to leave a tip **ein Trinkgeld geben***
to be classed among, be considered **zählen zu** (+*dat.*)
to convert **um•rechnen**
to prepare **zu•bereiten**
to consult **konsultieren**
to drink with *(food)* **trinken** (+*dat.*) *(Essen)*
to invite **ein•laden***
to share **teilen**

stated **angegeben**
complete **komplett**
expensive **teuer**
inexpensive **billig**
popular **beliebt**
favorite **Lieblings...**
fresh **frisch**
canned **Büchsen...**
well done **durchgebraten**
medium **halb durchgebraten**
rare **englisch**
special **besonder-**
instead of **anstatt** (+*gen.*)
it is no consequence; it doesn't matter **es spielt keine Rolle**
on the average **durchschnittlich**
on the basis of **auf Grund** (+*gen.*)
with the help of **anhand** (+*gen.*)
approximately **ungefähr, etwa**
additional **zusätzlich**
full (satiated) **satt**

RESTAURANT
ZUM GOLDENEN HIRSCHEN

SPEISEKARTE
(MENU)

VORSPEISEN (APPETIZERS)	Preise
Nordseekrabben-Cocktail (North Sea Shrimp Cocktail)	DM10.00
Mattjeshering in saurer Sahne (Mattjesherring in sour cream)	8.00
Geräucherte Lachsschnitten garniert (smoked salmon on toast)	12.50
Westfälischer Schinken mit Bauernbrot (Westfalian ham with rye bread)	11.00
Gefüllte Eier (deviled eggs)	6.50

SUPPEN (SOUPS)	
Fleischbrühe mit Ei (clear broth with egg)	4.00
Hühnerbrühe mit Reis (chicken broth with rice)	4.50
Ochsenschwanzsuppe (oxtail soup)	7.00

HAUPTGERICHTE (ENTREES)	
Filet Mignon mit pommes frites und Spargel (filet mignon with French fries and asparagus)	24.00
Bachforelle blau mit Petersilienkartoffeln und Gurkensalat (brook trout blue with parsley potatoes and cucumber salad)	21.00
Wiener Schnitzel mit Röstkartoffeln und Erbsen (breaded veal cutlet with roasted potatoes and peas)	18.50
Kasseler Rippchen mit Sauerkraut und Kartoffelpüree (smoked pork chops, sauerkraut, mashed potatoes)	15.50
Ungarisches Gulasch mit Butternudeln und gemischtem Salat (Hungarian gulash with buttered noodles, mixed salad)	15.50
Sauerbraten mit Rotkraut und Klößen (sauerbraten with red cabbage and dumplings)	18.00
Rehragout mit Pilzen, Eierspätzle and Preiselbeeren (ragout of venison with mushrooms, home-made egg noodles, cranberries)	18.50
Gänsebraten mit Weinkraut und Kartoffelpüree (roasted goose with wine cabbage and mashed potatoes)	20.00
Hühnerfrikassée mit Reis, Bohnen und gemischtem Salat (chicken stew with rice, green beans and mixed salad)	14.60
Gebratenes 1/2 Huhn mit Kartoffelsalat (roasted chicken with potato salad)	12.50
Jägerschnitzel	19.00

NACHSPEISEN (DESSERTS)	
Gemischtes Eis mit Schlagsahne (assorted ice cream flavors with whipped cream)	4.50
Apfelstrudel (apple strudel)	3.50
Käsekuchen (cheese cake)	3.50
Obsttorte (fruit pie)	3.75
Gemischte Käseplatte mit Brot und Butter (assorted cheeses with bread and butter)	9.50

GETRÄNKE (BEVERAGES)	
Weißweine (white wines)	15.00-40.00
Rotweine (red wines)	15.00-40.00
Liköre, Weinbrände (liqueurs and brandies)	6.50
Bier (beer)	4.50-6.50
Mineralwasser (bottled water)	3.50
Fruchtsäfte (fruit juices)	4.50
Kaffee (coffee)	4.50-5.50
Tee (tea)	4.50

Unsere Preise sind Endpreise einschließlich Bedienungsgeld und Mehrwertsteuer. (Our prices are final and include service and sales tax.)

menu **die Speisekarte, -n**
(special) menu of the day **das Tagesmenü, -s**
dish, meal, course *(of a meal)* **das Gericht, -e; die Mahlzeit, -en; das Essen, -**
dessert **die Nachspeise, -n; der Nachtisch, -e**
seafood **das Fischgericht, -e; die Meeresfrüchte** (*pl. only*)
meat **das Fleisch**
vegetable **das Gemüse**
lamb chop **das Hammelkotelett, -e und -s**
fried egg **das Spiegelei, -er**
waiter **der Kellner, -; der Ober, -**
waitress **die Kellnerin, -nen**
service **die Bedienung**
serving **die Portion, -en**
bill, check **die Rechnung, -en**
total price **der Endpreis, -e**
mistake **der Fehler, -**
dollar **der Dollar, -**
currency **die Währung, -en**
German mark *(monetary unit of the Federal Republic)* **die Deutsche Mark, die D-Mark (DM)** (*$1 = ungefähr DM 1.90*)
complaint **die Beschwerde, -n**

Die Speisekarte

29

Analyse der Zeichnung

1. Nennen Sie zwei Gerichte, die man selten in Restaurants der Vereinigten Staaten findet!
2. Welche Gerichte sind in den Vereinigten Staaten sehr beliebt?
3. Finden Sie zwei Gerichte, die Sie noch nie gekostet haben!
4. Welches Gericht auf der Speisekarte ist das teuerste?
5. Welche Gerichte auf der Speisekarte werden aus Meeresfrüchten und Fischen zubereitet?
6. Konsultieren Sie ein Wörterbuch oder einen Freund, um zu erklären, was ein Jägerschnitzel ist!
7. Welches ist die billigste Nachspeise?
8. Bestellen Sie anhand der Speisekarte bei einem Kellner (einer Kellnerin) eine komplette Mahlzeit!
9. Zu welcher Klasse gehört das Restaurant auf Grund der angegebenen Preise (billig, teuer, durchschnittlich)?

Ausgangspunkte

10. In Deutschland ißt man im allgemeinen „à la carte“, aber man kann auch ein „Tagesmenü“ bestellen. Erklären Sie den Unterschied!
11. Wie essen Sie Ihr Filet Mignon am liebsten?
12. Wieviel Trinkgeld geben Sie dem Kellner (der Kellnerin), wenn Sie eine Mahlzeit bestellt haben, die 30 DM kostet?
13. Wieviel kostet die Mahlzeit, für die Sie 35 DM bezahlt haben, in Dollar umgerechnet?
14. Wann lassen sich die Deutschen den Kaffee servieren, wenn sie ihn nicht während der Mahlzeit trinken?
15. Was trinken Sie am liebsten zum Essen?
16. Welchen Wein trinken Sie am liebsten zu einem Fleischgericht und welchen zu einem Fischgericht?
17. Was ist Ihr Lieblingsgetränk zu einem guten Käse?
18. Wievel kosten ungefähr in deutscher Währung zwei Spiegeleier in einem billigen Restaurant in den Vereinigten Staaten, und wieviel kostet eine Portion Schokoladeneis?
19. Was tun Sie, wenn Sie Hammelkoteletts bestellen und der Kellner (die Kellnerin) Ihnen sagt, daß es keine mehr gibt?
20. Was tun Sie, wenn Sie einen Fehler in der Rechnung finden?

Diskussionsthemen

1. Erklären Sie den Unterschied zwischen der deutschen Speisekarte in diesem Kapitel und einer typisch amerikanischen!
2. Die Mahlzeit, die ich bestellen würde, wenn der Preis keine Rolle spielte.
3. Gespräch zwischen dem Kellner (der Kellnerin) und dem Gast.

Sich Vorstellen und Diskutieren

After enjoying a leisurely meal at the Restaurant Zum Goldenen Hirschen in Bremen, a group of friends has a few problems to solve before leaving: 1) some of the charges on the bill seem incorrect; 2) who will pay the bill?; 3) who will leave the tip and how much?

Enact the situation in German.

to start from **aus•gehen* von**
to spend *(money)* **aus•geben***
to save **sparen, ersparen**
to pay **zahlen**
to pay off **ab•bezahlen**
to transfer, deposit **überweisen***
to maintain, keep **unterhalten*, erhalten***
to review, go over **überprüfen, prüfen**
to foresee **voraus•sehen***
to exceed **übersteigen*, überschreiten***
to contemplate, take into consideration **in Erwägung ziehen*, erwägen***
to balance **aus•gleichen***
to set up (a budget) **(ein Budget) auf•stellen**

medical **ärztlich** (doctor **der Arzt, ¨e; die Ärztin, -nen)**
dental **zahnärztlich** (dentist **der Zahnarzt, ¨e; die Zahnärztin, -nen)**
daily **täglich**
nightly **nächtlich**
yearly **jährlich**
weekly **wöchentlich**
monthly **monatlich**
if so **wenn ja; in diesem Fall**
if not **wenn nicht; im entgegengesetzten Fall**
presumably **vermutlich**
including **eingeschlossen**
why, for what reason **weshalb, warum**
how much **wieviel**
in the event that, in case that **falls**
necessary **notwendig**
main **Haupt...**
married **verheiratet**
single **ledig**
divorced **geschieden**
in my view **meiner Ansicht nach**

(family) budget **das (Familien) Budget, -s**
salary **das Gehalt, ¨er**
income **das Einkommen, -; die Einkünfte** (*pl. only*)
expenditure **die Ausgabe, -n**
money **das Geld**
payment **die Zahlung, -en**
down payment **die Anzahlung, -en**
purchase **der (An)Kauf, ¨e; die Anschaffung, -en**
installment purchase **der Teilzahlungskauf, ¨e**
(total) amount **der (Gesamt) Betrag, ¨e**
bill **die Rechnung, -en**
step **der Schritt, -e**
checkbook **das Scheckbuch, ¨er**
bank **die Bank, -en**
banknote **die Banknote, -n**
credit card **die Kreditkarte, -n**
checking account **das Girokonto, ...konten, das Scheckkonto, -en**

mortgage **die Hypothek, -en**
utility costs **Kosten für Strom, Gas und Wasser**
tax **die Steuer, -n**
insurance **die Versicherung, -en**
interest **die Zinsen** (*pl. only*)
rent **die Miete, -n**
means of transportation **das Verkehrsmittel, -**
clothes, clothing **die Kleidung**
food, groceries **die Lebensmittel** (*pl. only*)
entertainment **die Unterhaltung**
vacation **der Urlaub, -e**
pocket money, spending money, allowance **das Taschengeld**
husband **der (Ehe)Mann, ¨er; der Gatte, -n**
wife **die (Ehe)Frau, -en; die Gattin, -nen**
(married) couple **das Ehepaar, -e**
baby **das Baby, -s; der Säugling, -e**

crib **die Krippe, -n; das Kinderbett, -en**
bedroom **das Schlafzimmer, -**
pencil **der Bleistift, -e**
sheet of paper **der Bogen, ¨; das Papier**
view, opinion **die Ansicht, -en**
electronic calculator **der Taschenrechner, -**
cost of living **die Lebenskosten** (*pl.*)
envelope **der (Brief)Umschlag, ¨e**
difficulty **die Schwierigkeit, -en**

Das Familienbudget

30

Analyse der Zeichnung

1. Was sehen Sie im Innern des Schlafzimmers?
2. Spielt sich die Zeichnung bei Tag oder bei Nacht ab? Warum?
3. Nennen Sie die Gegenstände auf dem Tisch!
4. Was sagt der Mann zu seiner Frau?
5. Was sagt die Frau zu ihrem Mann?
6. Das junge Ehepaar überprüft seine Ausgaben. Wo liegt wohl das Hauptproblem seines Budgets?
7. Warum sollte das Ehepaar ein Budget haben?
8. Wie hoch sind vermutlich die wöchentlichen Lebenskosten des Ehepaars? Gehen Sie davon aus, daß es nur ein Kind hat!
9. Erfinden Sie ein monatliches Budget mit allen Ausgaben für das Ehepaar auf der Zeichnung!

Ausgangspunkte

10. Was versteht man unter einem Budget?
11. Welchen Vorteil hat es, ein Budget aufzustellen?
12. Haben Sie ein Budget für Ihre monatlichen Ausgaben? Wenn ja, weshalb? Im entgegengesetzten Fall, weshalb nicht?
13. Was ist Ihre höchste monatliche Ausgabe?
14. Was tun Sie, wenn Ihre Ausgaben Ihre Einkünfte übersteigen?
15. Wieviel Geld (eingeschlossen Zinsen) hätten Sie auf der Bank, wenn Sie fünf Jahre lang zehn Dollar wöchentlich auf Ihr Konto überwiesen hätten?
16. Nennen Sie einige typische und notwendige Ausgaben im Budget eines jungen Ehepaars!
17. Man kann nicht alle Ausgaben voraussehen. Nennen Sie einige, die schwer vorauszusehen sind!
18. Was versteht man unter einem Teilzahlungskauf?
19. Welche Vor- und Nachteile hat eine Kreditkarte?
20. Was versteht man unter „Taschengeld" ? Wieviel Taschengeld bekommen Sie pro Woche?

Diskussionsthemen

1. Mein Budget.
2. Wie man Geld spart.
3. Die finanziellen Schwierigkeiten eines jungen Ehepaars.

Sich Vorstellen und Diskutieren

Three people are comparing their monthly expenditures. One exceeds his/her budget almost every month and never has enough money. Another is able to save money every month. The expenses of the third can never be predicted.

Enact this discussion in German, including each person's explanation of his/her situation and any plans he/she has to change it.

to occur **auf•treten*, passieren**
to celebrate **feiern**
to mean (by) **verstehen* (unter +** *dat.)*
it occurs (on a Wednesday) **es fällt (auf einen Mittwoch)**
to be born **geboren werden*, geboren sein***

catholic **katholisch**
legal **gesetzlich, legal**
important **wichtig**
favorite **Lieblings...**
why, why so **wieso**
generally **im allegemeinen**
woe to him who...! **Wehe dem, der...!**
each, every **jeder, jede, jedes**

1992

Januar

S	M	D	M	D	F	S
			1	2	3	4
5	6	7	8	9	10	11
12	13	14	15	16	17	18
19	20	21	22	23	24	25
26	27	28	29	30	31	

Februar

S	M	D	M	D	F	S
						1
2	3	4	5	6	7	8
9	10	11	12	13	14	15
16	17	18	19	20	21	22
23	24	25	26	27	28	29

März

S	M	D	M	D	F	S
1	2	3	4	5	6	7
8	9	10	11	12	13	14
15	16	17	18	19	20	21
22	23	24	25	26	27	28
29	30	31				

April

S	M	D	M	D	F	S
			1	2	3	4
5	6	7	8	9	10	11
12	13	14	15	16	17	18
19	20	21	22	23	24	25
26	27	28	29	30		

Mai

S	M	D	M	D	F	S
					1	2
3	4	5	6	7	8	9
10	11	12	13	14	15	16
17	18	19	20	21	22	23
24	25	26	27	28	29	30
31						

Juni

S	M	D	M	D	F	S
	1	2	3	4	5	6
7	8	9	10	11	12	13
14	15	16	17	18	19	20
21	22	23	24	25	26	27
28	29	30				

Juli

S	M	D	M	D	F	S
			1	2	3	4
5	6	7	8	9	10	11
12	13	14	15	16	17	18
19	20	21	22	23	24	25
26	27	28	29	30	31	

August

S	M	D	M	D	F	S
						1
2	3	4	5	6	7	8
9	10	11	12	13	14	15
16	17	18	19	20	21	22
23	24	25	26	27	28	29
30	31					

September

S	M	D	M	D	F	S
		1	2	3	4	5
6	7	8	9	10	11	12
13	14	15	16	17	18	19
20	21	22	23	24	25	26
27	28	29	30			

Oktober

S	M	D	M	D	F	S
				1	2	3
4	5	6	7	8	9	10
11	12	13	14	15	16	17
18	19	20	21	22	23	24
25	26	27	28	29	30	31

November

S	M	D	M	D	F	S
1	2	3	4	5	6	7
8	9	10	11	12	13	14
15	16	17	18	19	20	21
22	23	24	25	26	27	28
29	30					

Dezember

S	M	D	M	D	F	S
		1	2	3	4	5
6	7	8	9	10	11	12
13	14	15	16	17	18	19
20	21	22	23	24	25	26
27	28	29	30	31		

---

calendar **der Kalender, -**
date **das Datum, Daten**
month **der Monat, -e**
Sunday **der Sonntag, -e**
Monday **der Montag,-e**
Tuesday **der Dienstag, -e**
Wednesday **der Mittwoch, -e**
Thursday **der Donnerstag, -e**
Friday **der Freitag, -e**
Saturday **der Sonnabend, -e; der Samstag, -e**
year **das Jahr, -e**
leap year **das Schaltjahr, -e**
school year **das Schuljahr, -e**
academic year **das akademische Jahr, -e**
hour **die Stunde, -n**
minute **die Minute, -n**
second **die Sekunde, -n**
daylight **das Tageslicht**
standard time **die Normalzeit, -en**
daylight saving time **die Sommerzeit**
noon **der Mittag, -e**
midnight **die Mitternacht, ¨-e**
workday **der Arbeitstag, -e**
weekend **das Wochenende, -n**
long weekend **das lange Wochenende, -n**
holiday **der Feiertag, -e**
birthday **der Geburtstag, -e**
name day, saint's day **der Namenstag, -e**
anniversary **der Jahrestag, -e**
wedding anniversary **der Hochzeitstag, -e**
Christmas **Weihnachten, das Weihnachtsfest, -e**
Easter **Ostern, das Osterfest, -e**
New Year's Day **Neujahr, der Neujahrstag, -e**
New Year's Eve **Sylvester**
Independence Day (USA) **der Unabhängigkeitstag, -e**
Labor Day **der Tag der Arbeit** *(der 1. Mai)*
Memorial Day (USA) **der (Kriegsopfer) Gedenktag, -e**
spring **der Frühling, -e; das Frühjahr, -e**
summer **der Sommer,-**
winter **der Winter,-**
fall **der Herbst, -e**
history **die Geschichte**
country **das Land, ¨-er**
characteristic **das Merkmal, -e**

Der Kalender

31

Analyse der Zeichnung

1. Welche Monate haben 31 Tage und welche nur 30?
2. Welche Tage der Woche sind im allgemeinen Arbeitstage?
3. Was versteht man unter „Wochenende“ ?
4. Auf welchen Tag der Woche fällt der Weihnachtstag im Jahre 1992 und auf welchen der 216. Jahrestag der Unabhängigkeit der Vereinigten Staaten von Amerika?
5. Auf welches Datum fällt im Jahre 1992 der Tag der Arbeit, der Kreigsopfergedenktag und Sylvester?
6. In welchen Monaten fällt im Jahre 1992 der Freitag auf den dreizehnten?
7. Welche Monate haben im Jahre 1992 die meisten Sonntage?

Ausgangspunkte

8. Wieviele Tage hat eine Woche? Wieviele Wochen, Tage, und Monate hat ein Jahr?
9. Wann haben Ihre Eltern Hochzeitstag?
10. Das Jahr 1992 ist ein Schaltjahr. Wieviele Schaltjahre hat es in Ihrem Leben gegeben?
11. Wann ist Ihr Geburtstag?
12. Nennen Sie einen deutschen Feiertag, der in den Vereinigten Staaten nicht gefeiert wird!
13. In welchem Monat fängt das akademische Jahr bei Ihnen an? und in Deutschland?
14. In welchem Monat haben wir den längsten und in welchem den kürzesten Tag des Jahres?
15. Wann fängt die Sommerzeit an?
16. Was ist der Nachteil der Normalzeit im Sommer?
17. Nennen Sie drei wichtige Jahre in der deutschen Geschichte!
18. In den katholischen Ländern feiern die meisten Leute ihren Namenstag. Erklären Sie das!
19. Nennen Sie die Winter-, Frühlings-, Sommer- und Herbstmonate!
20. Wessen Geburtstage sind in den Vereinigten Staaten gesetzliche Feiertage? Auf welche Tage fallen sie?

Diskussionsthemen

1. Mein Lieblingsmonat.
2. Die wichtigsten Daten des akademischen Jahres.
3. Mein Lieblingsfeiertag.

Sich Vorstellen und Diskutieren

Discuss with your classmates aspects of the calendar (such as the length of the work week, seasons, vacations) that you like or dislike. Explain why you feel that way.

Enact the discussion in German.

to lend **leihen*, verleihen***
to borrow **borgen**
to deposit **ein•zahlen**
to withdraw **ab•heben***
to invest **an•legen, investieren**
to open an account **ein Konto eröffnen**
to cash *(a check)* **ein•lösen**
to fill out *(a form)* **aus•füllen**
to form a line *(of people)* **eine Schlange bilden**
to stand in line **Schlange stehen***
to sign **unterschreiben***
to discuss **besprechen*, diskutieren**
to refer (to) **sich beziehen* (auf +** *acc.***)**
to forget **vergessen***
to lean against **sich an** *or* **gegen (+** *acc.***) lehnen**
to charge **berechnen**
to endorse **überschreiben***

outside, out of doors **draußen**
usual **üblich**
in denominations of $100 **in $100-Scheinen**
vice versa **umgekehrt**

checkbook **das Scheckbuch, ¨-er**
bank **die Bank, -en**
teller **der Schalterbeamte, -n, -n; die Schalterbeamtin, -nen**
banker *(officer of a bank)* **der Bankier, -s** (*no f.:* **sie ist Bankier)**
window *(of a teller)* **der Schalter, -**
money **das Geld**
cash **das Bargeld**
deposit slip **das Einzahlungsformular, -e**
withdrawal slip **das Auszahlungsformular, -e**
interest *(money paid or charged)* **die Zinsen** (*pl. only*)
mortgage **die Hypothek, -en**
interest rate **der Zinssatz, ¨-e**
loan **die Anleihe, -n**
department, section **die Abteilung, -en**
stock *(share)* **die Aktie, -n**
stock market **die Börse, -n**
guard **der Wächter, -**
bank employee **der/die Bankangestellte, -n, -n**
wallet **das Portemonnaie, -s**
briefcase **die Aktenmappe, -n**
safe, vault **der Geldschrank, ¨-e; der Safe, -s**
safe(ty) deposit box **das Schließfach, ¨-er**
handbag **die Handtasche, -n**
check **der Scheck, -s**
checking account **das Scheckkonto, -s; das Girokonto, -s** (*also:* **...konten)**
traveler's check **der Reisescheck, -s**
customer **der Kunde, -n, -n; die Kundin, -nen**
standing desk, high desk **das Stehpult, -e**
passbook **das Sparbuch, ¨-er**
savings account **das Sparkonto, -s**
bill *(money due)* **die Rechnung, -en**
bill *(banknote)* **die Banknote, -n; der Geldschein, -e**
umbrella **der Regenschirm, -e**
sign **das Schild, -er**
time *(occasion)* **das Mal, -e**
wastebasket **der Papierkorb, ¨-e**
service fee **die Bearbeitungsgebühr, -en**

Die Bank

32

Analyse der Zeichnung

1. Wieviele Leute sind in der Bank?
2. Wie ist das Wetter draußen?
3. Was dürften die Leute in der Abteilung rechts wohl besprechen?
4. Wo ist der Papierkorb?
5. Werden die Angestellten bald nach Hause gehen? Begründen Sie Ihre Antwort!
6. Wo stehen die Kunden Schlange?
7. Was tun die Leute am Stehpult?
8. Wer hat etwas vergessen? Was? Wo ist es?
9. Worauf bezieht sich das Schild „6%, 7%, 7,5%, 8%"?
10. Wo ist die Schalterbeamtin?
11. Wo ist der Wächter?

Ausgangspunkte

12. Wieviel Geld haben Sie heute in Ihrem Portemonnaie, und was werden Sie damit tun?
13. Wie zahlt man Geld auf eine Bank ein? Wie hebt man Geld von einer Bank ab?
14. Welche Vorteile hat ein Girokonto?
15. Wann sind die üblichen Bankstunden?
16. Wann waren Sie das letzte Mal in einer Bank? Warum sind Sie dort gewesen?
17. Was sind Zinsen? Wann erhält man sie, und wann bezahlt man sie?
18. Welche Vorteile haben Reiseschecks?
19. Wie löst man einen Scheck ein?
20. Welche Vor- und Nachteile hat die Arbeit eines (einer) Bankangestellten?

Diskussionsthemen

1. Die Funktionen einer Bank.
2. Die Vorzüge and Nachteile eines Schließfachs.
3. Wie ich mein Geld anlegen würde.

Sich Vorstellen und Diskutieren

A group of students accompanied by their teacher go on an authorized tour of a local bank. As they walk through the bank, employees answer their questions and explain briefly the various services of the bank.

Enact this situation in German.

to go, walk **gehen***
to cross **überqueren**
to turn **ein•biegen***
to stop **an•halten***
to sit down **sich (hin)setzen**
to push **schieben***
to obey *(traffic laws)* **beachten**
to protect **schützen**
to jog **joggen, rennen***
to think about **denken*, (an +** *acc.***)**
to tell, relate **sagen**
to feed **füttern**
to try **versuchen**
to collide (with) **zusammen•stoßen* (mit)**

straight ahead **geradeaus**
colored **farbig**
red **rot**
yellow **gelb**
green **grün**
favorite **Lieblings...**
legal **legal**
illegal **illegal, verboten**

main square, town square **der Marktplatz, ¨e**
(small) square **der Platz, ¨e**
park **der Park, -s**
downtown **das Stadtzentrum, -zentren, die Innenstadt, ¨e**
city **die (Groß)Stadt, ¨e**
town **die (Klein)Stadt, ¨e**
street **die Straße, -n**
intersection **die Kreuzung, -en**
block *(of buildings or houses)* **der Häuserblock, ¨e**
traffic light **die (Verkehrs)Ampel, -n**
sidewalk **der Gehsteig, -e; der Bürgersteig, -e**
pedestrian **der Fußgänger, -**
vehicle **das Fahrzeug, -e; das Verkehrsmittel, -**
automobile, car **das Auto, -s; der Wagen, -**
bicycle **das Fahrrad, ¨er**
motorcycle **das Motorrad, ¨er**
motor **der Motor, -en**

police officer **der Polizist, -en, -en;** *f.* **-in**
(traffic) accident **der (Verkehrs)Unfall, ¨e**
fine **die Geldstrafe, -n; das Bußgeld, -er**
helmet **der (Schutz)Helm, -e**
runner, jogger **der Jogger, -;** *f.* **-in**
baby carriage **der Kinderwagen, -**
newspaper **die Zeitung, -en**
store **das Geschäft, -e**
theater **das Theater, -**
church **die Kirche, -n**
awning **die Markise, -n**
bench **die Bank, ¨e**
fountain **der Springbrunnen, -**
water **das Wasser**
tree **der Baum, ¨e**
flower **die Blume, -n**
grass **das Gras**
(street) gutter **der Rinnstein, -e**
pigeon **die Taube, -n**
color **die Farbe, -n**

In der Stadt

33

Analyse der Zeichnung

1. Was tut der Junge?
2. Was schaut sich der Polizist an?
3. Was tut die Frau, die wir hinter dem Polizisten auf dem Gehsteig sehen?
4. Welche Fahrzeuge kann man auf der Straße erkennen?
5. Woher wissen Sie, daß es Tag und nicht Nacht ist?
6. Warum trägt der Motorradfahrer einen Helm?
7. Woran denkt der Jogger?
8. Warum setzen sich die Vögel an den Springbrunnen?
9. Was tut der Mann, der auf der Bank sitzt?
10. Warum ist der Mann auf der Bank in die Stadt gekommen?
11. Beschreiben Sie den kleinen Park!
12. Beschreiben Sie den Häuserblock hinter dem kleinen Park!
13. Nennen Sie die Farben einiger Gegenstände, die ein farbiges Bild zeigen würde!

Ausgangspunkte

14. Was ist ein Fußgänger?
15. Nennen Sie die Farben einer Verkehrsampel! Was ist ihre Bedeutung?
16. Warum muß man die Verkehrsampeln beachten?
17. Was sind die Unterschiede zwischen einem Fahrrad und einem Motorrad?
18. Wozu dienen die Rinnsteine?
19. Beschreiben Sie das Zentrum der Stadt, in der Sie wohnen!
20. Ziehen Sie es vor, in einer Großstadt oder einer Kleinstadt zu wohnen? Warum?

Diskussionsthemen

1. Beschreibung des Platzes im Bild.
2. Meine Lieblingsstadt.
3. Was mir der Polizist sagte.

Sich Vorstellen und Diskutieren

The tranquil scene on the preceding page changes a few seconds later when the motorcycle collides with a vehicle whose driver had stopped to ask directions. It is only a minor accident, but while the policeman handles the situation, all the others in the illustration gather to discuss what they saw (or did not see). Each has a different view of what happened.

Enact the entire incident in German.

to catch fire **Feuer fangen***
to burn (up, down) **verbrennen***
to burn **brennen***
to start a fire **ein Feuer legen; ...an•zünden**
to extinguish **löschen**
to asphyxiate **ersticken**
to rescue **retten**
to destroy **zerstören**
to assume (danger) **(Gefahr) auf sich nehmen***
to protect (oneself) **schützen (sich)**
to fall (down) **(hinunter)fallen***
to summon **(herbei)rufen***
to connect *(a hose)* **an•schließen***
to shout **rufen***
to escape **entkommen***
to take (transport) **bringen***
to get, obtain **bekommen**
to photograph **fotografieren**
to happen **passieren**

fireproof **feuerfest, feuersicher**
probably **wahrscheinlich**
in case (of) **im Falle** (+ *gen.*)

fire **das Feuer, -**
fire fighter **der Feuerwehrmann, die Feuerwehrleute**
fire department **die Feuerwehr**
fire house **die Feuerwache, -n**
fire engine **der Feuerwehrwagen, -; die Feuerspritze, -n**
arsonist, firebug **der Brandstifter, -;** *f.* **-in**
fire alarm box **der Feuermelder, -**
fire drill **die Feuerlöschübung, -en**
fire prevention **der Feuerschutz**
fire extinguisher **der Feuerlöscher, -**
fire hydrant **der Hydrant, -en**
alarm **der Alarm, -e**
(emergency) exit **der (Not)Ausgang, ¨-e**
smoke **der Rauch**
hose **der Schlauch, ¨-e**
ladder **die Leiter, -n**
siren **die Sirene, -n**
ambulance **der Krankenwagen, -**
hospital **das Krankenhaus, ¨-er**

danger **die Gefahr, -en**
helmet **der (Schutz)Helm, -e**
coat **der Mantel, ¨**
equipment **das Gerät, -e**
dormitory *(of a school)* **das Studentenheim, -e**
building **das Gebäude, -**
wall *(interior)* **die Wand, ¨-e**
wall *(exterior)* **die Mauer, -n**
roof **das Dach, ¨-er**
water **das Wasser**
telephone **das Telefon, -e**
arm **der Arm, -e**
photographer **der Fotograf, -en, -en;** *f.* **-in**
case **der Fall, ¨-e**

Feuer!

34

Analyse der Zeichnung

1. Was ist wahrscheinlich mit dem Mädchen passiert, das der Feuerwehrmann in den Armen hält?
2. Was ruft wohl der Feuerwehrmann im Vordergrund?
3. Beschreiben Sie, was auf dem Feuerwehrwagen geschieht!
4. Zwei Leitern sind sichtbar. Wo befinden sie sich?
5. Was tut der Fotograf gerade?
6. Warum scheint es, daß das Feuer das Gebäude zerstören wird?
7. Was würden Sie tun, wenn Sie auf dem Dach des Gebäudes wären, das gerade brennt?

Ausgangspunkte

8. Wie kann ein kleines Feuer gelöscht werden?
9. Wie ruft man die Feuerwehr im Falle eines Feuers herbei?
10. Welche Gefahren müssen Feuerwehrleute auf sich nehmen?
11. Wie schützen sich Feuerwehrleute?
12. Wo schließt man den Wasserschlauch der Feuerspritze an, um Wasser zu bekommen?
13. Wozu benutzen die Feuerwehrleute Leitern?
14. Beschreiben Sie die Bekleidung der Feuerwehrleute.
15. Wozu dient ein Krankenwagen?
16. Nennen Sie die wichtigsten Geräte eines Feuerwehrwagens!
17. Was ist ein Brandstifter (eine Brandstifterin)?
18. Wozu dienen Feuerlöschübungen?
19. Wie würden Sie im Falle eines Feuers aus dem Gebäude entkommen, in dem Sie sich befinden?
20. „Kein Rauch ohne Feuer!“ Erklären Sie das!

Diskussionsthemen

1. Ein Feuer, das ich sah.
2. Feuerschutz.
3. Was auf der Feuerwache passiert, wenn kein Feuer zu löschen ist.

Sich Vorstellen und Diskutieren

The fire alarm has gone off in your school's largest dormitory and it is not a drill. Smoke is everywhere and shouts are heard from inside the building. As the fire engines arrive and the firefighters go to work, students who escaped the fire gather outside and exchange stories and concern for those still inside.

Enact this situation in German.

to get sick **krank werden*, erkranken**
to treat *(an illness, patient)* **behandeln**
to take someone's pulse **jemandem den Puls fühlen**
to take the temperature **die Temperatur messen*, das Fieber messen***
to read the tempeature **die Temperatur ab•lesen***
to live **leben, wohnen**
to die **sterben***
to listen (to) **ab•hören**
to be **sich befinden***
to improve *(of health)* **sich bessern**
to inoculate **impfen**
(not) to feel well **sich (nicht) wohl fühlen**

sick **krank**
health **gesund**
nowadays **heutzutage**
serious **ernst, schwer**
probably **wahrscheinlich**
on account(of) **infolge** (+ *gen.*)
still, yet **immer noch**

hospital **das Krankenhaus, ¨er; das Hospital, ¨er; die Klinik, -en**
sanitarium **das Sanatorium, Sanatorien**
doctor, physician **der Arzt, ¨e; die Ärztin, -nen**
nurse **der Krankenpfleger; die Krankenschwester, -n**
patient **der Patient, -en, -en,** *f.* **-in**
medicine **die Medizin; die Arznei, -en; das Medikament, -e**
thermometer **das Thermometer, -**
chart **die Tabelle, -n**
temperature **die Temperatur, -en**
tray **das Tablett, -s**
bed **das Bett, -en**
night table **der Nachttisch, -e**
injury **die Verletzung, -en**
accident **der Unfall, ¨e**
sickness, illness, disease **die Krankheit, -en**
private room **das Einzelzimmer, -**
semiprivate room **das Doppelzimmer, -**
ward **der Krankensaal, ...säle**
bandage **der Verband, ¨e**
medical history **die Krankengeschichte, -n**
medical report **der Krankenbericht, -e**
medical insurance **die Krankenversicherung, -en**
innoculation **die Impfung, -en**
smallpox **die Pocken** *(pl. only)*
appendicitis **die Blinddarmentzündung, -en**
heart attack **der Herzanfall, ¨e**
heart **das Herz, -ens, -en**
stethoscope **das Stethoskop, -e; das Hörrohr, -e**
wrist **das Handgelenk, -e**
arm **der Arm, -e**
wristwatch **die Armbanduhr, -en**
condition **der Zustand, ¨e**
paramedic **der Sanitäter, -** *f.* **-in**
first aid **die Erste Hilfe**
head **der Kopf, ¨e**
chair **der Stuhl, ¨e**
visitor **der Besucher, -;** *f.* **-in**
visiting hours **die Besuchszeit, -en**
flower **die Blume, -n**
smock *(white coat)* **der Arztkittel, -**

Das Krankenhaus

35

Analyse der Zeichnung

1. Warum trägt die Krankenschwester eine Armbanduhr?
2. Was macht die Krankenschwester gerade?
3. Was tut der Arzt auf dem Bild?
4. Beschreiben Sie den Arzt auf dem Bild!
5. Warum hat der Patient wahrscheinlich eine Verletzung und keine Krankheit?
6. Warum kann man den rechten Arm des Patienten nicht sehen?
7. In welchem Zustand befindet sich der Patient?
8. Welche anderen Dinge kann man im Zimmer sehen?

Ausgangspunkte

9. Wie fühlen Sie sich heute?
10. Wie lange möchten Sie leben?
11. Warum ist es besser, eine ernste Krankheit im Krankenhaus und nicht zu Hause behandeln zu lassen?
12. Was versteht man unter einer Krankenversicherung?
13. Erläutern Sie den Unterschied zwischen einem Krankenhaus und einem Sanatorium!
14. Was ist ein Krankensaal? ein Einzelzimmer? ein Doppelzimmer?
15. Was versteht man unter Besuchszeiten?
16. Was ist die Funktion eines Sanitäters (einer Sanitäterin)?
17. Wie fühlt man den Puls?
18. Wozu benuzt der Arzt ein Stethoskop?
19. Warum ist ein Herzanfall etwas sehr Ernstes?
20. Welche ernste Krankheit gibt es heutzutage infolge der Impfungen nicht mehr? Welche gibt es immer noch trotz der Impfungen?

Diskussionsthemen

1. Meine schwerste Krankheit oder ein ernster Unfall, den ich hatte.
2. AIDS.
3. Das beste Krankenhaus in unserer Stadt.

Sich Vorstellen und Diskutieren

In a semiprivate room of a hospital, two patients and their visitors are conversing with a nurse and a doctor. We learn why each patient is there, why the doctor and nurse are in attendance, and who the visitors are.

Enact this scene in German.

to examine **untersuchen**
to treat **behandeln**
to brush, clean (teeth) **(Zähne) putzen, reinigen**
to remove **entfernen**
to fill *(a cavity)* **plombieren**
to extract **ziehen***
to inject **(ein)spritzen**
to break **brechen***
to inflict **verursachen**
to be afraid (of) **Angst haben* (vor + *dat.*)**
to contain **enthalten***
to take care of **pflegen**
to hurt **weh tun***
to drill **bohren**
to rinse out **ausspülen**

bad (*comp.* worse) **arg (ärger)**
artificial **kunstlich**

dentist **der Zahnarzt, ¨-e; die Zahnärztin, -nen**
dentistry **die Zahnmedizin**
dentist's office **die Zahnpraxis**
office hours **die Sprechstunde, -n**
waiting room **das Wartezimmer, -**
dental technician **der Zahntechniker, -;** *f.* **-in**
dentist's chair **der Zahnarztstuhl, ¨-e**
(facial) expression **der Gesichtsausdruck, ¨-e**
patient **der Patient, -en, -en;** *f.* **-in**
mouth **der Mund, ¨-er**
gum **der Gaumen, -**
tooth **der Zahn, ¨-e**
(set of) teeth **das Gebiß, -sse**
wisdom tooth **der Weisheitszahn, ¨-e**
baby tooth **der Milchzahn, ¨-e**
molar **der Backenzahn, ¨-e**
incisors **der Schneidezahn, ¨-e**
tootache **der Zahnschmerz, -en**
dentures **das Gebiß; falsche Zähne**
bridge **die Brücke, -n**
filling **die Plombe, -n; die Zahnfüllung, -en**
cavity **die Karies, -**
crown **die Zahnkrone, -n**
brace **die Zahnklammer, -n**
sickness, disease **die Krankheit, -en**
pain **der Schmerz, -en**
local anesthetic **die örtliche Betäubung**
X-ray **das Röntgenbild, -er**
diagnosis **die Diagnose, -n**
injection **die Spritze, -n**
(dental) impression **der Zahnabdruck, ¨-e**
wax **das Wachs**
toothbrush **die Zahnbürste, -n**
toothpaste **die Zahnpasta, ... pasten**
dental floss **die Zahnseide**
paper cup **der Papierbecher, -**
water **das Wasser**
arm **der Arm, -e**
armrest **die Armlehne, -n**
visit **der Besuch, -e**
wall *(inside)* **die Wand, ¨-e**

Die Zahnärztin

36

Analyse der Zeichnung

1. Wer sind die beiden Leute im Bild?
2. Was hängt an der Wand hinter der Zahnärztin?
3. Beschreiben Sie den Gesichtsausdruck des jungen Patienten!
4. Was enthält der Papierbecher neben dem Patienten, und wozu dient er?
5. Wo befinden sich die Arme des Patienten?
6. Was geschieht im Wartezimmer, das wir nicht sehen können?

Ausgangspunkte

7. Wieviele Zähne hat man normalerweise ohne die Weisheitszähne?
8. Wann braucht man ein künstliches Gebiß?
9. Wozu dient eine Zahnklammer?
10. Wozu dienen Zahnabdrücke?
11. Ein Zahnarzt (eine Zahnärztin) plombiert Zähne. Was tut er noch?
12. Wann und wozu benutzt man eine Zahnbürste and Zahnpasta?
13. Wann zieht der Zahnarzt (die Zahnärztin) einen Zahn?
14. Wann benutzt der Zahnarzt (die Zahnärztin) eine örtliche Betäubung?
15. Röntgenbilder dienen zur Diagnose. Was bedeutet das?
16. Wann braucht ein Patient (eine Patientin) eine Zahnkrone?
17. Warum ist es wichtig, die Zähne zu pflegen?
18. Wie oft soll man zum Zahnarzt (zur Zahnärztin) gehen?
19. Warum gehen Sie (nicht) gern zum Zahnartzt (zur Zahnärztin)?
20. Warum möchten Sie (kein) Zahnarzt ([keine] Zahnärztin) werden?

Diskussionsthemen

1. Wie man die Zähne pflegt.
2. Ein Besuch beim Zahnarzt (bei der Zahnärztin).
3. Was ich sage, wenn der Zahnarzt (die Zahnärztin) fragt, wie oft ich Zahnseide benutze.

Sich Vorstellen und Diskutieren

Four members of a family of various ages went to the dentist. To console and advise one another, they discuss their experiences.

Enact this discussion in German.

to persuade **überreden, überzeugen**
to vote **wählen, stimmen, die Stimme ab•geben***
to go on strike **streiken**
to call a strike **zum Streik auf•rufen***
to give a speech **eine Rede** (*oder* **Ansprache) halten***
to debate **debattieren, erörtern**
to preach **predigen**
to plead (a case) **plädieren**
to sway, exert influence (on) **Einfluß aus•üben (auf +** *acc.*), **beeinflussen**
to speak (to someone), address (someone) **zu (jemandem) sprechen***
to agree (with) **überein•stimmen (mit)**
to try **versuchen**
to define **definieren**
to select, choose **aus•wählen**

democratic **demokratisch**
republican **republikanisch**
extemporaneous **aus dem Stegreif, unvorbereitet**
following, subsequent **folgend**

art of persuasion **die Überredungskunst, ¨e**
assembly, meeting **die Versammlung, -en**
trial, hearing **die Verhandlung, -en**
police officer **der Polizist, -en, -en;** *f.* **-in**
voter **der Wähler, -;** *f.* **-in**
voting booth **die Wahlkabine, -n**
election **die Wahl, -en**
(written) ballot **der Stimmzettel, -**
secret ballot **die geheime Wahl, -en**
ballot box **die Wahlurne, -n**
voting machine **die Wahlmaschine, -n**
curtain **der Vorhang, ¨e**
worker **der Arbeiter, -;** *f.* **-in**
strike **der Streik, -s**
factory **die Fabrik, -en**
sign **das Schild, -er**
trade union **die Gewerkschaft, -en**
fence **der Zaun, ¨e**
student leader **der Studentenführer, -;** *f.* **-in**
speech **die Rede, -n; die Ansprache, -n**
speaker **der Redner, -;** *f.* **-in**
microphone **das Mikrophon, -e**
campus **das Universitätsgelände, -**
listeners *(audience)* **die Hörerschaft, die Zuhörer** *(pl.)*
public *(audience)* **das Publikum**
politician **der Politiker, -;** *f.* **-in**
judge **der Richter, -;** *f.* **-in**
right *(privilege)* **das Recht**
lawyer, attorney **der Rechtsanwalt, ¨e; die Rechstsanwältin, -nen**
district attorney **der Staatsanwalt, ¨e; die Staatsanwältin, -nen**
accused **der/die Angeklagte, -n, -n**
jury **die Geschworenen** *(pl. only)*
courtroom **der Gerichtssaal, ...säle**
robe **der Talar, -e**
clergyman **der/die Geistliche, -n, -n**
sermon **die Predigt, -en**
pulpit **die Kanzel, -n**
congregation **die (Religions) Gemeinde, -n**
party *(political)* **die Partei, -en**
privilege **das Vorrecht, -e; das Privileg, -ien**
freedom of speech **die Redefreiheit**
debate **die Debatte, -n**
applause **der Applaus, der Beifall**
prosperity **der Wohlstand**

it der Maschine
to somebody)
inen Brief)
oto) kopieren
inen*
influssen
rreden, überzeugen
s) fördern
l (with) (mit + *dat.*)
mmen
Akten legen
ewahren
us•gehen*
ortieren
mation) speichern
ision eine
ung treffen*
eisprachig
ich
Verkauf

business office **das Büro, -s**
businessman **der Geschäftsmann, ...leute**
businesswoman **die Geschäftsfrau, -en**
executive **der/die leitende Angestellte, -n, -n**
boss **der Chef, -s;** *f.* **-in**
sales representative **der Vertreter, -;** *f.* **-in**
sales manager **der Verkaufsleiter, -;** *f.* **-in**
sales, selling **der Verkauf**
sale **der Verkauf, ¨-e**
salesmanship **die Verkaufsgewandtheit**
company, firm **die Firma, Firmen**
office work **die Büroarbeit, -en**
office worker **die Bürokraft, ¨-e**
clerk **der/die Büroangestellte, -n, -n**
secretary **der Sekretär, -e;** *f.* **-in**
computer operator **der Computer bediener, -;** *f.* **-in**
computer **der Computer, -**
screen **der (Computer)Schirm, -e**
computer science **die Informatik**
data processing **die elektronische Datenverarbeitung (EDV)**
typewriter **die Schreibmaschine, -n**
typist **der Maschinenschreiber, -;** *f.* **-in**
stenographer and typist **der Stenotypist, -en;** *f.* **-in**
shorthand **die Stenographie**
dictation **das Diktat, -e**
dictating machine **die Diktiermaschine, -n**
file, folder **die Akte, -n**
filing cabinet **der Aktenschrank, ¨-e**
map **die (Land)Karte, -en**
report **der Bericht, -e**
photocopy **die Fotokopie, -n**
desk **der Schreibtisch, -e**
drawer **die Schublade, -n**
wastebasket **der Papierkorb, ¨-e**
key *(computer)* **die Taste, -n**
market **der (Absatz)Markt, ¨-**
product **das Produkt, -e; das Erzeugnis, -se**
customer **der Kunde, -n, -n; die Kundin, -nen**
contract **der Vertrag, ¨-e**
invoice **die Rechnung, -en**
working hours **die Arbeitsstunden**
foreign lnaguage **die Fremdsprache, -n**
custom **die Sitte, -n; die Gebräuche** *(pl. only)*
foreign trade **der Außenhandel**
export **der Export, -e**
import **der Import, -e**
Asia **(das) Asien**
Africa **(das) Afrika**
Europe **(das) Europa**
gossip **der Klatsch**
business administration *(subject of study)* **die Betriebswirtschaft**
management **die Verwaltung, die Geschäftsleitung**
free enterprise **die freie (Markt) Wirtschaft**
idea, concept **der Begriff, -e**

37 Die Überredungskunst

Analyse der Zeichnung

1. Warum hat die Wahlkabine einen Vorhang?
2. Warum steht ein Polizist neben der Wahlkabine?
3. Was ist hinter dem Zaun zu sehen?
4. Warum trägt der Arbeiter ein Schild?
5. Warum vermuten wir, daß die Versammlung auf dem Bild oben rechts auf einem Universitätsgelände stattfindet?
6. Warum könnte man vermuten, daß die Studenten mit dem Studentenführer (nicht) übereinstimmen?
7. Welche Gebäude sehen Sie auf diesen sechs Bildern?
8. Welcher Unterschied besteht zwischen der Ansprache der Politikerin und der des Studentenführers?
9. Wo und vor wem plädiert der Rechtsanwalt?
10. Welche Personen tragen einen Talar?
11. Von wo und zu wem predigt der Geistliche?

Ausgangspunkte

12. Welchen Parteien können amerikanische Wähler ihre Stimmen geben?
13. Was ist eine Gewerkschaft?
14. Was bedeutet „streiken"?
15. Sowohl die Frau in der Wahlkabine als auch der Mann, der das Schild trägt, haben gewählt. Für welche Parteien haben sie wahrscheinlich gestimmt?
16. Definieren Sie die folgenden drei Ausdrücke: die Versammlung, das Publikum, die Gemeinde!
17. Was ist der Unterschied zwischen „predigen" und „debattieren", zwischen einer „Predigt" und einer „Rede"?
18. Welche Ähnlichkeiten bestehen zwischen Geistlichen, Politikern und Rechtsanwälten?
19. Wählen Sie einen Redner (oder eine Rednerin) auf dem Bild aus, und erläutern Sie, wovon er oder sie die Hörerschaft überzeugen will!
20. Versuchen Sie, die Arbeiter zu überreden, nicht zu streiken!

Diskussionsthemen

1. Die Redefreiheit.
2. Was man machen kann, um Zuhörer von einem Argument zu überzeugen.
3. Eine Debatte.

Sich Vorstellen und Diskutieren

Three student leaders are candidates in campus elections and agree to have a debate in your German class. After all three candidates state their platforms in short speeches, they challenge one another with questions and commentaries and take questions from the class.

Enact this situation in German.

to advertise *(in general)* **Reklame machen, werben***
to advertise *(in the classified pages)* **eine Anzeige in die Zeitung setzen**
to offer **an•bieten***
to invent **erfinden***
to be worthwhile, pay **sich lohnen**
to read aloud **vor•lesen***
to ascertain, find out **fest•stellen**
to be employed, to work **berufstätig sein***
to try (to) **versuchen (zu)**
to express **aus•drücken**
to agree **überein•stimmen**
to sketch, plan **entwerfen**

active **tätig**
effective **wirksam, wirkungsvoll**
brief **kurz**
frequently **häufig**
in common (current) use **allegemein gebräuchlich**
full-page **ganzseitig**
one-minute **einminutig**
something **(irgend) etwas**
-self **selbst** *(placed after noun or pronoun for emphasis)*
completely **völlig**
popular **beliebt**

salesmanship **die Verkaufstechnik**
salesman, saleswoman **der Verkäufer, -;** *f.* **-in**
sales representative **der Vertreter, -;** *f.* **-in**
sale, sales, selling **der Verkauf**
company **die Firma, Firmen**
free enterprise **die freie Marktwirtschaft**
advertising **die Werbung; die Reklame**
propaganda **die Propaganda**
advertisement **die Anzeige, -n; das Inserat, -e; die Reklame, -n**
classified ad **die Kleinanzeige, -n; die Annonce, -n**
slogan **der Werbespruch, ⸚e**
announcer **der Ansager, -;** *f.* **-in**
script **das Manuskript, -e**
clock, watch **die Uhr, -en**
time (what time is it?) **die Zeit (wieviel Uhr ist es?)**
television set **der Fernsehapparat, -e; der Fernseher, -**
screen **der (Bild)Schirm, -e**
commercial **die Werbesendung, -en**
automobile, car **das Auto, -s; der Wagen, -**
highway **die Autobahn, -en**
billboard **die Reklametafel, -n**
key **der Schlüssel, -**
married couple **das Ehepaar, -e**
success **der Erfolg, -e**
commission **die Provision, -en**
meaning **die Bedeutung, -en**
idea, concept **der Begriff, -e**
employment, job **die Stellung, -en**
patience **die Geduld**
self-confidence **das Selbstvertrauen**
initiative **die Initiative**
attention **die Aufmerksamkeit**
lecturer **der Redner, -;** *f.* **-in**
listener **der (Zu)Hörer, -;** *f.* **-in**
quality, characteristic **die Eigenschaft, -en**

Die Verkaufstechnik

Analyse der Zeichnung

1. In welcher Zeichnung sehen wir eine Uhr?
2. Was liest die Ansagerin wahrscheinlich aus dem Mar
3. Erfinden Sie einen Werbespruch für das Produkt, das
4. Warum ist die Autobahn ein (kein) wirksamer Platz fi der Zeichnung?
5. Warum ist die Reklametafel gut (schlecht) angebracht?
6. Schreiben Sie eine Anzeige für die Reklametafel!
7. Warum glauben Sie, daß das Ehepaar ein Haus gekauf

Ausgangspunkte

8. Für welche Produkte wird häufig im Fernsehen geworbe
9. Wie stellt man fest, ob eine Annonce wirkungsvoll ist od
10. Werbesprüche sind eine beliebte Art der Werbung. Übers Werbesprüche, die in den Vereinigten Staaten allgemein g
11. „Es lohnt sich, Werbung in die Zeitung zu setzen." Erkläre
12. Nehmen wir an, Sie wollen etwas verkaufen. Erfinden Sie Zeitung!
13. Nehmen wir an, Sie suchen eine Stellung. Entwerfen Sie ei Zeitung!
14. Erklären Sie, was man unter einer Provision versteht!
15. Erklären Sie die verschiedenen Bedeutungen des Wortes Pr
16. Was bedeutet der Begriff „freie Marktwirtschaft"?
17. Warum wollen Sie (nicht) in der Verkaufsorganisation einer g
18. Welche persönlichen Eigenschaften sind im Verkauf wichtig?
19. Versuchen Sie, Ihrem Deutschprofessor (Ihrer Deutschprofess verkaufen!
20. Im Deutschland sieht man keine Reklamen an der Autobahn.

Diskussionsthemen

1. Die Verkaufstechnik bringt die Menschen dazu, Gegenstände zu nicht brauchen.
2. Entwerfen Sie eine ganzseitige Reklame, die in einer Zeitschrift e
3. Entwerfen Sie den Text für eine einminutige Werbesendung im Fe

Sich Vorstellen und Diskutieren

Salesmanship is an art, and the key to success is persuasion, for everyb something; if not a product, then himself or herself. Keeping this in mir group to create a situation in which—as subtly as possible—all participa attempting to evoke a favorable response from some or all of the others.

Enact the scene in German.

to type **tippen,** n **schreiben***
to dictate (a lette **(jemandem** **diktieren**
to photocopy **(p**
to press **drücke**
to appear **ersch**
to save **sparen**
to influence **be**
to persuade **üb**
to buy **kaufen**
to sell **verkauf**
to promote (sal
to get along we **gut aus•ko**
to file **zu den**
to store **auf•b**
to go out **hin**
to import **imp**
to store *(info*
to make a dec **Entschei**

bilingual **zw**
useful **nützl**
in sales **im**

Die Überredungskunst

37

Analyse der Zeichnung

1. Warum hat die Wahlkabine einen Vorhang?
2. Warum steht ein Polizist neben der Wahlkabine?
3. Was ist hinter dem Zaun zu sehen?
4. Warum trägt der Arbeiter ein Schild?
5. Warum vermuten wir, daß die Versammlung auf dem Bild oben rechts auf einem Universitätsgelände stattfindet?
6. Warum könnte man vermuten, daß die Studenten mit dem Studentenführer (nicht) übereinstimmen?
7. Welche Gebäude sehen Sie auf diesen sechs Bildern?
8. Welcher Unterschied besteht zwischen der Ansprache der Politikerin und der des Studentenführers?
9. Wo und vor wem plädiert der Rechtsanwalt?
10. Welche Personen tragen einen Talar?
11. Von wo und zu wem predigt der Geistliche?

Ausgangspunkte

12. Welchen Parteien können amerikanische Wähler ihre Stimmen geben?
13. Was ist eine Gewerkschaft?
14. Was bedeutet „streiken"?
15. Sowohl die Frau in der Wahlkabine als auch der Mann, der das Schild trägt, haben gewählt. Für welche Parteien haben sie wahrscheinlich gestimmt?
16. Definieren Sie die folgenden drei Ausdrücke: die Versammlung, das Publikum, die Gemeinde!
17. Was ist der Unterschied zwischen „predigen" und „debattieren", zwischen einer „Predigt" und einer „Rede"?
18. Welche Ähnlichkeiten bestehen zwischen Geistlichen, Politikern und Rechtsanwälten?
19. Wählen Sie einen Redner (oder eine Rednerin) auf dem Bild aus, und erläutern Sie, wovon er oder sie die Hörerschaft überzeugen will!
20. Versuchen Sie, die Arbeiter zu überreden, nicht zu streiken!

Diskussionsthemen

1. Die Redefreiheit.
2. Was man machen kann, um Zuhörer von einem Argument zu überzeugen.
3. Eine Debatte.

Sich Vorstellen und Diskutieren

Three student leaders are candidates in campus elections and agree to have a debate in your German class. After all three candidates state their platforms in short speeches, they challenge one another with questions and commentaries and take questions from the class.

Enact this situation in German.

to advertise *(in general)* **Reklame machen, werben***
to advertise *(in the classified pages)* **eine Anzeige in die Zeitung setzen**
to offer **an•bieten***
to invent **erfinden***
to be worthwhile, pay **sich lohnen**
to read aloud **vor•lesen***
to ascertain, find out **fest•stellen**
to be employed, to work **berufstätig sein***
to try (to) **versuchen (zu)**
to express **aus•drücken**
to agree **überein•stimmen**
to sketch, plan **entwerfen**

active **tätig**
effective **wirksam, wirkungsvoll**
brief **kurz**
frequently **häufig**
in common (current) use **allegemein gebräuchlich**
full-page **ganzseitig**
one-minute **einminutig**
something **(irgend) etwas**
-self **selbst** *(placed after noun or pronoun for emphasis)*
completely **völlig**
popular **beliebt**

salesmanship **die Verkaufstechnik**
salesman, saleswoman **der Verkäufer, -;** *f.* **-in**
sales representative **der Vertreter, -;** *f.* **-in**
sale, sales, selling **der Verkauf**
company **die Firma, Firmen**
free enterprise **die freie Marktwirtschaft**
advertising **die Werbung; die Reklame**
propaganda **die Propaganda**
advertisement **die Anzeige, -n; das Inserat, -e; die Reklame, -n**
classified ad **die Kleinanzeige, -n; die Annonce, -n**
slogan **der Werbespruch, ¨-e**
announcer **der Ansager, -;** *f.* **-in**
script **das Manuskript, -e**
clock, watch **die Uhr, -en**
time (what time is it?) **die Zeit (wieviel Uhr ist es?)**

television set **der Fernsehapparat, -e; der Fernseher, -**
screen **der (Bild)Schirm, -e**
commercial **die Werbesendung, -en**
automobile, car **das Auto, -s; der Wagen, -**
highway **die Autobahn, -en**
billboard **die Reklametafel, -n**
key **der Schlüssel, -**
married couple **das Ehepaar, -e**
success **der Erfolg, -e**
commission **die Provision, -en**
meaning **die Bedeutung, -en**
idea, concept **der Begriff, -e**
employment, job **die Stellung, -en**
patience **die Geduld**
self-confidence **das Selbstvertrauen**
initiative **die Initiative**
attention **die Aufmerksamkeit**
lecturer **der Redner, -;** *f.* **-in**
listener **der (Zu)Hörer, -;** *f.* **-in**
quality, characteristic **die Eigenschaft, -en**

Die Verkaufstechnik

38

Analyse der Zeichnung

1. In welcher Zeichnung sehen wir eine Uhr?
2. Was liest die Ansagerin wahrscheinlich aus dem Manuskript vor?
3. Erfinden Sie einen Werbespruch für das Produkt, das Sie auf dem Schirm sehen!
4. Warum ist die Autobahn ein (kein) wirksamer Platz für eine Reklametafel wie die in der Zeichnung?
5. Warum ist die Reklametafel gut (schlecht) angebracht?
6. Schreiben Sie eine Anzeige für die Reklametafel!
7. Warum glauben Sie, daß das Ehepaar ein Haus gekauft hat?

Ausgangspunkte

8. Für welche Produkte wird häufig im Fernsehen geworben?
9. Wie stellt man fest, ob eine Annonce wirkungsvoll ist oder nicht?
10. Werbesprüche sind eine beliebte Art der Werbung. Übersetzen Sie zwei Werbesprüche, die in den Vereinigten Staaten allgemein gebräuchlich sind!
11. „Es lohnt sich, Werbung in die Zeitung zu setzen." Erklären Sie dieses Motto!
12. Nehmen wir an, Sie wollen etwas verkaufen. Erfinden Sie ein kurzes Inserat für eine Zeitung!
13. Nehmen wir an, Sie suchen eine Stellung. Entwerfen Sie eine Kleinanzeige für eine Zeitung!
14. Erklären Sie, was man unter einer Provision versteht!
15. Erklären Sie die verschiedenen Bedeutungen des Wortes Propaganda!
16. Was bedeutet der Begriff „freie Marktwirtschaft"?
17. Warum wollen Sie (nicht) in der Verkaufsorganisation einer großen Firma tätig sein?
18. Welche persönlichen Eigenschaften sind im Verkauf wichtig?
19. Versuchen Sie, Ihrem Deutschprofessor (Ihrer Deutschprofessorin) etwas zu verkaufen!
20. Im Deutschland sieht man keine Reklamen an der Autobahn. Was halten Sie davon?

Diskussionsthemen

1. Die Verkaufstechnik bringt die Menschen dazu, Gegenstände zu kaufen, die sie gar nicht brauchen.
2. Entwerfen Sie eine ganzseitige Reklame, die in einer Zeitschrift erscheinen könnte!
3. Entwerfen Sie den Text für eine einminutige Werbesendung im Fernsehen!

Sich Vorstellen und Diskutieren

Salesmanship is an art, and the key to success is persuasion, for everybody sells something; if not a product, then himself or herself. Keeping this in mind, work with a group to create a situation in which—as subtly as possible—all participants are attempting to evoke a favorable response from some or all of the others.

Enact the scene in German.

to type **tippen, mit der Maschine schreiben***
to dictate (a letter to somebody) **(jemandem einen Brief) diktieren**
to photocopy **(photo) kopieren**
to press **drücken**
to appear **erscheinen***
to save **sparen**
to influence **beeinflussen**
to persuade **überreden, überzeugen**
to buy **kaufen**
to sell **verkaufen**
to promote (sales) **fördern**
to get along well (with) **(mit** *+dat.***) gut aus•kommen**
to file **zu den Akten legen**
to store **auf•bewahren**
to go out **hinaus•gehen***
to import **importieren**
to store *(information)* **speichern**
to make a decision **eine Entscheidung treffen***

bilingual **zweisprachig**
useful **nützlich**
in sales **im Verkauf**

business office **das Büro, -s**
businessman **der Geschäftsmann, ...leute**
businesswoman **die Geschäftsfrau, -en**
executive **der/die leitende Angestellte, -n, -n**
boss **der Chef, -s;** *f.* **-in**
sales representative **der Vertreter, -;** *f.* **-in**
sales manager **der Verkaufsleiter, -;** *f.* **-in**
sales, selling **der Verkauf**
sale **der Verkauf, ¨-e**
salesmanship **die Verkaufsgewandtheit**
company, firm **die Firma, Firmen**
office work **die Büroarbeit, -en**
office worker **die Bürokraft, ¨-e**
clerk **der/die Büroangestellte, -n, -n**
secretary **der Sekretär, -e;** *f.* **-in**
computer operator **der Computer bediener, -;** *f.* **-in**
computer **der Computer, -**
screen **der (Computer)Schirm, -e**

computer science **die Informatik**
data processing **die elektronische Datenverarbeitung (EDV)**
typewriter **die Schreibmaschine, -n**
typist **der Maschinenschreiber, -;** *f.* **-in**
stenographer and typist **der Stenotypist, -en;** *f.* **-in**
shorthand **die Stenographie**
dictation **das Diktat, -e**
dictating machine **die Diktiermaschine, -n**
file, folder **die Akte, -n**
filing cabinet **der Aktenschrank, ¨-e**
map **die (Land)Karte, -en**
report **der Bericht, -e**
photocopy **die Fotokopie, -n**
desk **der Schreibtisch, -e**
drawer **die Schublade, -n**
wastebasket **der Papierkorb, ¨-e**
key *(computer)* **die Taste, -n**
market **der (Absatz)Markt, ¨-**
product **das Produkt, -e; das Erzeugnis, -se**

customer **der Kunde, -n, -n; die Kundin, -nen**
contract **der Vertrag, ¨-e**
invoice **die Rechnung, -en**
working hours **die Arbeitsstunden**
foreign lnaguage **die Fremdsprache, -n**
custom **die Sitte, -n; die Gebräuche** *(pl. only)*
foreign trade **der Außenhandel**
export **der Export, -e**
import **der Import, -e**
Asia **(das) Asien**
Africa **(das) Afrika**
Europe **(das) Europa**
gossip **der Klatsch**
business administration *(subject of study)* **die Betriebswirtschaft**
management **die Verwaltung, die Geschäftsleitung**
free enterprise **die freie (Markt) Wirtschaft**
idea, concept **der Begriff, -e**

Im Büro

39

Analyse der Zeichnung

1. Welche Kontinente können Sie auf der Landkarte identifizieren? Wieviele gibt es überhaupt?
2. Wozu dient die Maschine unterhalb der Karte?
3. Was tut die leitende Angestellte im hinteren Büro?
4. Was macht die Sekretärin?
5. Wo befindet sich der Papierkorb?
6. Wo können Akten oder Berichte aufbewahrt werden?
7. Was geschieht, wenn der Computerbediener auf einige Tasten drückt?
8. Der Herr, der gerade das Büro verläßt, ist der Verkaufsleiter dieser Firma. Wohin geht er wohl?
9. Wo könnten die anderen Büroangestellten sein?
10. Warum hängt in diesem Büro wohl eine Landkarte?

Ausgangspunkte

11. Wieviele Arbeitsstunden haben die meisten Büroangestellten?
12. Was erwartet man von einer guten Sekretärin (einem guten Sekretär)?
13. Wasfür andere Angestellte gibt es in Büros?
14. Der Computer spart Zeit und Arbeit. Erklären Sie das!
15. Was versteht man unter einer zweisprachigen Sekretärin?
16. Warum ist Deutsch für Studenten der Betriebswirtschaft nützlich?
17. Was ist ein Kunde (eine Kundin)? Was ist eine Rechnung?
18. Nennen Sie einen guten Absatzmarkt für Bücher wie dieses!
19. Was versteht man unter Verkaufsgewandtheit?
20. Was bedeutet der Begriff „freie Marktwirtschaft"?

Diskussionsthemen

1. Der Geschäftsmann oder die Geschäftsfrau.
2. Büroarbeit.
3. Was die Büroangestellten tun, wenn der Chef (die Chefin) nicht da ist.

Sich Vorstellen und Diskutieren

The boss is off on a business trip, and you and your co-workers have the office to yourselves. It's time for some speculation about office procedures and a little gossiping.

Enact this discussion in German.

to employ **an•stellen**
to work **arbeiten**
to become self-employed **sich selbständig machen**
to earn one's living **seinen Lebensunterhalt verdienen**
to look for, seek **suchen**
to offer **an•bieten***
accept **an•nehmen***
decline, reject **ab•lehnen**
to register (with) **sich an•melden (bei)**
to start (a new job) **(eine Stelle) an•treten***
to expect **erwarten**
to appear **erscheinen***
to graduate *(college)* **(das Studium) ab•schließen***
to look (at) **an•schauen**
to name **nennen***
to define **definieren**
to compile, draw up **zusammen•stellen**
to ask questions about **jemanden fragen nach (+ *dat.*)**
to ask (someone) a question **(jemandem) eine Frage stellen**

until now **bisher**
abroad **im Ausland**
primarily **in erster Linie**
unemployed **arbeitslos**

employment office **das Arbeitsamt, ⸚er**
recruiter, placement agent **der Stellenvermittler, -;** *f.* **-in**
employment, job **die Arbeit; die Beschäftigung; die (An)Stellung, -en**
employer **der Arbeitgeber, -;** *f.* **-in**
boss **der Chef, -s;** *f.* **-in**
company, firm **die Firma, Firmen**
work **die Arbeit, -en**
candidate **der Bewerber, -;** *f.* **-in; der Kandidat, -en, -en;** *f.* **-in**
interview **das Interview, -s; das Vorstellungsgespräch, -e**
qualification **die Qualifikation, -en**
detail **die Einzelheit, -en**
resumé, dossier **der Lebenslauf, ⸚e**
study program **das Studienprogramm, -e**
salary **das Gehalt, ⸚er**
starting salary **das Anfangsgehalt, ⸚er**
personal data **die Personalien** *(pl.)*

part-time work **die Teilzeitarbeit, die Halbtagsbeschäftigung**
moonlighting, extra work **die Nebenbeschäftigung**
works program **das Arbeitsbeschaffungsprogramm, -e**
major (course of study) **das Hauptfach, ⸚er**
career **die Karriere**
classified ad, want ad **das Stellengesuch, -e**
newspaper **die Zeitung, -en**
sales department **die Verkaufsabteilung, -en**
sales representative **der Vertreter, -;** *f.* **-in**
foreign department **die Auslandsabteilung, -en**
goal **das Ziel, -e**
success **der Erfolg, -e**
waiting room **das Wartezimmer, -**
desk **der Schreibtisch, -e**

notebook, memo pad **der Notizblock, ⸚e**
filing card **die Karteikarte, -n**
filing box **der Karteikasten, ⸚**
calendar **der Kalendar, -**
(ball-point) pen **der Kugelschreiber, -**
telephone **das Telefon, -e**

Das Arbeitsamt

40

Analyse der Zeichnung

1. Welche Gegenstände sehen Sie auf dem Schreibtisch?
2. Ist der Herr, der uns anschaut, ein Bewerber oder ein Angestellter? Begründen Sie Ihre Antwort!
3. Was tun die Bewerber im Wartezimmer?
4. Worüber spricht die Stellenvermittlerin mit dem Herrn am Schreibtisch?

Ausgangspunkte

5. Erklären Sie, was ein Arbeitsamt ist!
6. Was versteht man unter einem „Stellengesuch"?
7. Wann können Sie eine Stellung antreten?
8. Was ist Ihr Hauptfach?
9. Was für eine Beschäftigung werden Sie sich nach Abschluß des Studiums suchen?
10. Welches Anfangsgehalt erwarten Sie?
11. Welche Qualifikationen haben Sie für eine Auslandsabteilung?
12. Warum wollen Sie (nicht) im Ausland arbeiten?
13. Welche Teilzeitarbeit haben Sie bisher gemacht?
14. Warum haben viele Leute eine Nebenbeschäftigung?
15. Was versteht man unter einem Interview?
16. Wie hilft Ihnen die Universität bei der Suche nach einer Stelle?
17. Welche Einzelheiten sollten im Lebenslauf erscheinen?
18. Nennen Sie einige Ihrer Ziele für die Zukunft!
19. Wie definieren Sie „Erfolg"?
20. Warum wollen Sie sich (nicht) selbständig machen?

Diskussionsthemen

1. Eine Arbeit, die ich gerne machen würde.
2. Wie man einen Lebenslauf zusammenstellt.
3. Arbeitsbeschaffungsprogramme für Arbeitslose.

Sich Vorstellen und Diskutieren

There you are, face to face with a recruiter. You want a job with his company, but it won't be easy because the competition is keen. You ask questions about the position. He wants to know about your qualifications and goals.

Enact this interview in German.

to publish **veröffentlichen, publizieren**
to report **berichten**
to edit **redigieren**
to type **mit der Schreibmaschine schreiben*, tippen**
to telephone **telefonieren (mit)**
to correct **korrigieren, verbessern**
to differ(from) **sich unterscheiden* (von)**
to think (of) **halten* (von)**
to finish reading, writing **zu Ende lesen*, schreiben***

necessary **notwendig**
world (adjective) **Welt...**
local **lokal**
indispensable **unerläßlich**

editorial room, newspaper office **das Redaktionszimmer, -; die Redaktion, -en**
telephone **das Telefon, -e**
teletype **der Fernschreiber, -**
typewriter **die Schreibmaschine, -n**
photograph **die Fotografie, -n**
office **das Büro, -s**
boss **der Chef, -s;** *f.* **-in**
editor-in-chief **der Chefredakteur, -e;** *f.* **-in**
editor **der Redakteur, -e; *f.* -in**
city editor **der Lokalredakteur, -e;** *f.* **-in**
sport editor **der Sportredakteur, -e;** *f.* **-in**
(foreign) correspondent **der (Auslands)Korrespondent, -en, -en;** *f.* **-in**
reporter **der Reporter, -;** *f.* **-in**
proofreader **der Korrektor, -en;** *f.* **-in**
journalist **der Journalist, -en, -en;** *f.* **-in**

newspaper **die Zeitung, -en**
journalism **der Journalismus**
headline **die Schlagzeile, -n**
press **die Presse**
story **der Bericht, -e; die Geschichte, -n**
news **die Nachrichten** *(pl. only here)*
news item **die Meldung, -en**
advertising **die Werbung; die Reklame**
editorial **der Leitartikel, -**
criticism, review **die Rezension, -en**
critic **der Rezensent, -en, -en;** *f.* **-in**
front page **die Titelseite, -n**
event **das Ereignis, -se; die Begebenheit, -en**
magazine **die Zeitschrift, -en**
part **der Teil, -e**
mistake **der Fehler, -; der Irrtum, ¨er**
opinion **die Meinung, -en; die Ansicht, -en**

reason **der Grund, ¨e**
envelope **der Umschlag, ¨e**
eyeshade **der Augenschirm, -e**
foreign language **die Fremdsprache, -n**
reader **der Leser, -;** *f.* **-in**
columnist **der Leitartikler, -;** *f.* **-in**
interview **das Interview, -s**
qualification **die Qualifikation, -en**
foreign countries **das Ausland**

Die Redaktion

41

Analyse der Zeichnung

1. Worüber spricht die Journalistin mit dem Journalisten?
2. Was tun die beiden Journalisten links im Bild?
3. Was macht der Mann, der den Augenschirm trägt?
4. Beschreiben Sie den Mann, der gerade telefoniert!
5. Was macht der junge Mann rechts im Bild?
6. Woran können Sie erkennen, daß dies eine Redaktion ist?

Ausgangspunkte

7. Was wird jetzt bei Ihnen über lokale Ereignisse berichtet?
8. Was schreibt man jetzt bei Ihnen über Sportereignisse?
9. Erklären Sie den Unterschied zwischen einem Reporter (einer Reporterin) und einem Redakteur (einer Redakteurin)!
10. Was tut ein Korrektor?
11. Wer ist der Chefredakteur in dieser Redaktion?
12. Auf welcher Seite einer Zeitung befinden sich die Schlagzeilen?
13. Was ist ein Leitartikel?
14. Warum sind Schreibmaschine und Telefon für Journalisten unerläßlich?
15. Lesen Sie jeden Tag Zeitung? Wenn nicht, warum nicht? Wenn ja, welche Zeitung lesen Sie und was halten Sie von ihr? Begründen Sie Ihre Antwort!
16. Worin unterscheidet sich eine Zeitung von einer Zeitschrift?
17. Nennen Sie die Teile einer typisch amerikanischen Zeitung!
18. Welche Teile der Zeitung lesen Sie und welche nicht? Warum?
19. In deutschen Zeitungen gibt es keine „Comics“. Warum wohl?
20. Wer berichtet über Ereignisse im Ausland? Welche Qualifikationen sind dazu notwendig?

Diskussionsthemen

1. Eine wichtige Meldung.
2. Ein Interview mit ...
3. Der Leitartikler (die Leitartiklerin) den ich am liebsten lese.

Sich Vorstellen und Diskutieren

In the illustration on the preceding page, the news emerging from the teletype machine is momentous. In German, enact the scene that follows, as everyone in the illustration reacts to the event.

to perform, act **spielen**
to put on a play, give a play **eine Vorstellung geben*, ein Theaterstück auf•führen**
to applaud **applaudieren, klatschen**
to congratulate someone on **jemandem gratulieren zu** (+*dat.*)
to go up (curtain) **auf•gehen***
to go down (curtain) **fallen***
to leave *(trans.)* **verlassen***
to find out about, learn of **erfahren***
to invent **erfinden***
to tip **ein Trinkgeld geben***
to (put in) place **installieren**
to be accustomed (to) **gewohnt sein* (zu** + *inf.*), **(an.** + *acc.*)
to sing **singen***
to allow, permit **gestatten, erlauben**
to spend, pass **verbringen***

inexpensive **billig**

theater **das Theater, -**
play **das (Theater) Stück, -e**
playwright **der Autor, -en;** *f.* **-in; der Dramatiker, -;** *f.* **-in**
title **der Titel, -**
actor **der Schauspieler, -;** *f.* **-in**
theater director **der Intendant, -en, -en;** *f.* **-in**
stagehand **der Bühnenarbeiter, -;** *f.* **-in**
opera **die Oper, -n**
music **die Musik**
audience **das Publikum; die Zuschauer** *(pl.)*
applause **der Applaus; der Beifall**
seat **der Sitz, -e; der Platz, ¨-e**
box (theater) **die Loge, -en**
box seat **der Logensitz, -e**
orchestra (theater) **das Parkett**
first (second) balcony (theater) **der erste (zweite) Rang, ¨-e**
gallery **die Galerie, -n**
aisle **der Gang, ¨-e**

row **die Reihe, -n**
usher **der Platzanweiser, -;** *f.* **-in**
cast **die Besetzung, -en**
ticket (theater) **die (Theater) Karte, -n**
box office (ticket window) **die Theaterkasse, -n**
lobby **die Vorhalle, -n**
foyer, entrance hall **das Foyer, -s**
intermission **die Pause, -n**
performance, show **die Vorstellung, -en**
first performance, opening night **die Premiere, -n**
stage **die Bühne, -n**
scenery **das Bühnenbild, -er; die Kulisse, -n**
curtain **der Vorhang, ¨-e**
dressing room **die Garderobe, -n**
act **der Akt, -e; der Aufzug, ¨-e**
scene **die Szene, -n**
(emergency) exit **der (Not) Ausgang, ¨-e**

success **der Erfolg, -e**
failure **der Mißerfolg, -e**
beard **der Bart, ¨-e**
head **der Kopf, ¨-e**
glasses **die Brille, -n**
synopsis **die kurze Zusammenfassung, -en**
custom, tradition **die Sitte, -n**
tip **das Trinkgeld, -er**

Im Theater

42

Analyse der Zeichnung

1. Wer kann die Bühne nicht gut sehen? Warum?
2. Wo ist die Loge, die man im Bild sieht?
3. Berschreiben Sie den Herrn, der gerade das Theater verläßt!
4. Wo ist der Notausgang in diesem Theater?
5. Was für eine Szene wird gerade gespielt?
6. Welche Rollen spielen die Schauspieler auf der Bühne?
7. Erfinden Sie einen Titel für das Stück, das man spielt!

Ausgangspunkte

8. Wo kauft man Theaterkarten?
9. Für welche verschiedenen Sitze kann man Theaterkarten kaufen?
10. Welche Sitze sind im allgemeinen am billigsten?
11. Wie kann ein Platzanweiser (eine Platzanweiserin) Ihnen helfen?
12. In Europa gibt man dem Platzanweiser (der Platzanweiserin) normalerweise ein kleines Trinkgeld. Was halten Sie von dieser Sitte?
13. Wann geht der Bühnenvorhang auf, und wann fällt er?
14. Was tun die Bühnenarbeiter?
15. Wo kann man im Theater die Pausen verbringen?
16. Was versteht man unter einer Premiere?
17. Wie erfährt der Autor, ob die Premiere seines Stücks ein Erfolg oder Mißerfolg war?
18. Nennen Sie den Titel eines berühmten Stücks!
19. Erklären Sie den Unterschied zwischen einem Theaterstück und einer Oper!
20. Erklären Sie den Unterschied zwischen einem Theaterstück und einem Roman!

Diskussionsthemen

1. Warum der Herr mit dem Bart das Theater verläßt.
2. Eine kurze Zusammenfassung der drei Aufzüge des Stücks, das man im Bild sieht.
3. Beschreibung des Theaters und der Premiere.

Sich Vorstellen und Diskutieren

You and a group of friends are at the theater together. In the lobby during an intermission, you exchange impressions of what you have seen so far: the actors, the actresses, the scenery, the play itself, and even the audience. Several of you also comment on the location of your seats.

Enact this discussion in German.

to play (music, a musical instrument) **spielen**
to conduct **dirigieren**
to sing **singen***
to take off, remove (one's clothes) **sich aus•ziehen***
to be missing **fehlen**
to make use of **benutzen, benützen**
to accompany **begleiten**
to listen (to) **sich an•hören, zu•hören**
to produce **hervor•bringen***
to be (in newspapers) **stehen***

(to know) by heart **auswendig (können)**
well-known **bekannt**
at least **mindestens**
assembled, gathered **versammelt**

symphony orchestra **das Symphonieorchester, -**
chamber orchestra **das Kammerorchester, -**
opera **die Oper, -n**
prelude **das Vorspiel, -e**
overture **die Ouvertüre, -n**
accompaniment **die Begleitung, -en**
chamber music **die Kammermusik**
popular music **die Unterhaltungsmusik**
jazz **der Jazz**
musician **der Musiker, -;** *f.* **-in**
string player **der Streicher, -;** *f.* **-in**
soloist **der Solist, -en, -en;** *f.* **-in**
singer **der Sänger, -;** *f.* **-in**
conductor **der Dirigent, -en, -en;** *f.* **-in**
composer **der Komponist, -en, -en; -in**
(musical) piece **das Stück, -e**
baton **der Taktstock, ⸚e**
member **das Mitglied, -er**

(music) stand **der Notenständer, -**
musical score **die Noten** (*pl. only*)**; die Partitur, -en**
audience **das Publikum**
shoe **der Schuh, -e**
melody **die Melodie, -n**
harmony **die Harmonie, -n**
rhythm **der Rhythmus, Rhythmen; der Takt, -e**
movement (of a composition) **der Satz, ⸚e**
fugue **die Fuge, -n**
piano **das Klavier, -e**
grand piano **der Flügel, -**
wind instrument **das Blasinstrument, -e**
clarinet **die Klarinette, -n**
flute **die Flöte, -n**
piccolo **die Pikkoloflöte, -n**
oboe **die Oboe, -n**
bassoon **das Fagott, -e**
tuba **die Tuba, Tuben**
trumpet **die Trompete, -n**

French horn **das Horn, ⸚er**
trombone **die Posaune, -n**
string instrument **das Streichinstrument, -e**
string, cord **die Saite, -n**
bow **der Bogen, -**
violin **die Violine, -n; die Geige, -n**
cello **das Cello, -s**
contrabass **der Kontrabaß, ⸚e**
viola **die Bratsche, -n; die Viola, Violen**
harp **die Harfe, -n**
organ **die Orgel, -n**
percussion instrument **das Schlaginstrument, -e**
drum **die Trommel, -n**
kettledrum **die Pauke, -n**
drumstick **der Schlegel, -**
cymbal **die Zimbel, -n**
quality **die Eigenschaft, -en**
encore **die Zugabe, -n**
rule **die Regel, -n**
(concert) hall **der (konzert) Saal, -Säle**

Im Theater

42

Analyse der Zeichnung

1. Wer kann die Bühne nicht gut sehen? Warum?
2. Wo ist die Loge, die man im Bild sieht?
3. Berschreiben Sie den Herrn, der gerade das Theater verläßt!
4. Wo ist der Notausgang in diesem Theater?
5. Was für eine Szene wird gerade gespielt?
6. Welche Rollen spielen die Schauspieler auf der Bühne?
7. Erfinden Sie einen Titel für das Stück, das man spielt!

Ausgangspunkte

8. Wo kauft man Theaterkarten?
9. Für welche verschiedenen Sitze kann man Theaterkarten kaufen?
10. Welche Sitze sind im allgemeinen am billigsten?
11. Wie kann ein Platzanweiser (eine Platzanweiserin) Ihnen helfen?
12. In Europa gibt man dem Platzanweiser (der Platzanweiserin) normalerweise ein kleines Trinkgeld. Was halten Sie von dieser Sitte?
13. Wann geht der Bühnenvorhang auf, und wann fällt er?
14. Was tun die Bühnenarbeiter?
15. Wo kann man im Theater die Pausen verbringen?
16. Was versteht man unter einer Premiere?
17. Wie erfährt der Autor, ob die Premiere seines Stücks ein Erfolg oder Mißerfolg war?
18. Nennen Sie den Titel eines berühmten Stücks!
19. Erklären Sie den Unterschied zwischen einem Theaterstück und einer Oper!
20. Erklären Sie den Unterschied zwischen einem Theaterstück und einem Roman!

Diskussionsthemen

1. Warum der Herr mit dem Bart das Theater verläßt.
2. Eine kurze Zusammenfassung der drei Aufzüge des Stücks, das man im Bild sieht.
3. Beschreibung des Theaters und der Premiere.

Sich Vorstellen und Diskutieren

You and a group of friends are at the theater together. In the lobby during an intermission, you exchange impressions of what you have seen so far: the actors, the actresses, the scenery, the play itself, and even the audience. Several of you also comment on the location of your seats.

Enact this discussion in German.

to play (music, a musical instrument) **spielen**
to conduct **dirigieren**
to sing **singen***
to take off, remove (one's clothes) **sich aus•ziehen***
to be missing **fehlen**
to make use of **benutzen, benützen**
to accompany **begleiten**
to listen (to) **sich an•hören, zu•hören**
to produce **hervor•bringen***
to be (in newspapers) **stehen***

(to know) by heart **auswendig (können)**
well-known **bekannt**
at least **mindestens**
assembled, gathered **versammelt**

symphony orchestra **das Symphonieorchester, -**
chamber orchestra **das Kammerorchester, -**
opera **die Oper, -n**
prelude **das Vorspiel, -e**
overture **die Ouvertüre, -n**
accompaniment **die Begleitung, -en**
chamber music **die Kammermusik**
popular music **die Unterhaltungsmusik**
jazz **der Jazz**
musician **der Musiker, -;** *f.* **-in**
string player **der Streicher, -;** *f.* **-in**
soloist **der Solist, -en, -en;** *f.* **-in**
singer **der Sänger, -;** *f.* **-in**
conductor **der Dirigent, -en, -en;** *f.* **-in**
composer **der Komponist, -en, -en; -in**
(musical) piece **das Stück, -e**
baton **der Taktstock, ⸚e**
member **das Mitglied, -er**
(music) stand **der Notenständer, -**
musical score **die Noten** (*pl. only*); **die Partitur, -en**
audience **das Publikum**
shoe **der Schuh, -e**
melody **die Melodie, -n**
harmony **die Harmonie, -n**
rhythm **der Rhythmus, Rhythmen; der Takt, -e**
movement (of a composition) **der Satz, ⸚e**
fugue **die Fuge, -n**
piano **das Klavier, -e**
grand piano **der Flügel, -**
wind instrument **das Blasinstrument, -e**
clarinet **die Klarinette, -n**
flute **die Flöte, -n**
piccolo **die Pikkoloflöte, -n**
oboe **die Oboe, -n**
bassoon **das Fagott, -e**
tuba **die Tuba, Tuben**
trumpet **die Trompete, -n**
French horn **das Horn, ⸚er**
trombone **die Posaune, -n**
string instrument **das Streichinstrument, -e**
string, cord **die Saite, -n**
bow **der Bogen, -**
violin **die Violine, -n; die Geige, -n**
cello **das Cello, -s**
contrabass **der Kontrabaß, ⸚e**
viola **die Bratsche, -n; die Viola, Violen**
harp **die Harfe, -n**
organ **die Orgel, -n**
percussion instrument **das Schlaginstrument, -e**
drum **die Trommel, -n**
kettledrum **die Pauke, -n**
drumstick **der Schlegel, -**
cymbal **die Zimbel, -n**
quality **die Eigenschaft, -en**
encore **die Zugabe, -n**
rule **die Regel, -n**
(concert) hall **der (konzert) Saal, -Säle**

Das Symphonieorchester

43

Analyse der Zeichnung

1. Wieviele Mitglieder des Orchesters können Sie erkennen?
2. Wieviele Blasinstrumente sehen Sie auf dem Bild, und wie heißen sie?
3. Wo sind die Musiker, die Schlaginstrumente spielen, und wo sind die Streicher?
4. Welche Musikinstrumente können Sie auf dem Bild erkennen?
5. Was tut der Dirigent mit den Händen?
6. Welche Instrumente spielen die Frauen auf dem Bild?
7. Welche Instrumente, die ein Symphonieorchester im allgemeinen hat, fehlen auf diesem Bild?
8. Welche Funktion haben die Notenständer?
9. Wer hört sich die Musik an?

Ausgangspunkte

10. Was bedeutet es, wenn der Dirigent keinen Notenständer hat oder ihn nicht benuzt?
11. Welches Instrument würden Sie gern spielen, wenn Sie Mitglied eines Symphonieorchesters wären?
12. Womit spielt man Geige? Pauke?
13. Wieviele Sätze hat eine Symphonie in der Regel?
14. Erklären Sie den Unterschied zwischen einer Oper und einer Symphonie!
15. Erklären Sie, was eine Ouvertüre oder ein Vorspiel einer Oper ist!
16. Deutschland hat große Musiker und Komponisten hervorgebracht. Nennen Sie mindestens einen!
17. Erklären Sie den Unterschied zwischen einem Symphonieorchester und einem Kammerorchester!
18. Welches sind die wichtigsten Eigenschaften eines guten Dirigenten?
19. Welche Instrumente eines Symphonieorchesters können auch im Jazz und in der Unterhaltungsmusik benutzt werden?
20. Das bekannteste Instrument für Solisten fehlt in diesem Bild. Nennen Sie es! Was wissen Sie darüber?

Diskussionsthemen

1. Die Musik, die ich am liebsten habe.
2. Das Instrument, das ich spielen kann (gerne spielen möchte).
3. Erzählen Sie über das Leben eines (einer) der Musiker auf dem Bild!

Sich Vorstellen und Diskutieren

Imagine that some great composers, musicians and conductors of the past are resurrected for a discussion and appraisal of the symphonic, operatic, or popular music of today.

Choose the roles and enact the fantasy in German, but avoid being too technical for listeners untrained in music.

to employ **an•stellen**
to earn **verdienen**
to last **dauern**
to paint **an•streichen***
to saw **sägen**
to sew **nähen**
to deliver (to) **liefern (an +** *acc.***)**
to build **bauen**
to repair **reparieren**
to cut **schneiden***
to carve **schnitzen**
to cook **kochen**
to stir **rühren**
to protect (clothes) **schonen**
to dismiss **entlassen***
to differentiate **sich•unterscheiden***
to have in common (with) **gemein haben* (mit +** *dat.***)**
to depend on **ab•hängen* (von +** *dat.***)**

self-employed **selbständig**
bald **kahl, glatzköpfig**
seldom **selten**
also **ebenfalls, auch**
above all **vor allem**

job **die Stellung, -en; der Job, -s**
trade (craft) **das Handwerk, -e; das Gewerbe, -**
worker, wage earner **der Arbeiter, -;** *f.* **-in; der Lohnempfänger, -;** *f.* **-in.**
employer **der Arbeitgeber, -;** *f.* **-in, -nen**
employee **der Arbeitnehmer, -;** *f.* **-in**
craftsman, artisan **der Handwerker, -;** *f.* **-in**
apprentice **der Lehrling, -e**
shoemaker **der Schuster, -**
shoe **der Schuh, -e**
carpenter **der Zimmermann, ...leute; der Schreiner, -**
saw **die Säge, -n**
board (piece of lumber) **das Brett, -er**
experience **die Erfahrung**
paint **die Farbe, -n**
painter **der Maler, -;** *f.* **-in; der Anstreicher, -;** *f.* **-in**
paint brush **der Pinsel, -**
ladder **die Leiter, -n**
seamstress **die Näherin, -nen**
sewing machine **die Nähmaschine, -n**
instrument **das Gerät, -e**
tool **das Werkzeug, -e**
cloth, fabric **der Stoff, -e**
needle **die Nadel, -n**
thread **der Faden, ¨**
butcher **der Fleischer, -; der Metzger, -; der Schlachter, -;** *f.* **-in**
meat **das Fleisch**
knife **das Messer, -**
cook **der Koch, ¨e;** *f.* **-in**
ladle **die Suppenkelle, -n; der Schöpflöffel, -**
pot **der Topf, ¨e**
apron **die Schürze, -n**
glasses **die Brille, -n**
head gear **die Kopfbedeckung, -en**
bald head **der Kahlkopf, ¨e; die Glatze, -n**
wages **der Lohn, ¨e**
hourly wage **der Stundenlohn, ¨e**
minimum wage **der Mindestlohn**
salary **das Gehalt, ¨er**
education, training **die Ausbildung, -en**
apprenticeship **die Lehre, -n**
profession **der Beruf, -e**
overtime **die Überstunden** *(pl.)*
boss **der Chef, -s;** *f.* **-in**

Die Gewerbe

44

Analyse der Zeichnung

1. Mit welchem Werkzeug arbeitet der Zimmermann? Was tut er gerade?
2. Was hält der Zimmermann in der linken Hand?
3. Was macht die Näherin? Welches Gerät benützt sie bei ihrer Arbeit?
4. Was tut der Fleischer?
5. Womit ist der Koch auf dem Bild beschäftigt?
6. Welche Personen auf dem Bild tragen Schürzen?
7. Wer hat eine Glatze, und wer hat fast keine Haare?
8. Was halten der Schuster, der Zimmermann und die Anstreicherin in der rechten Hand?
9. Woran erkennen Sie, daß der Zimmermann und der Fleischer nicht linkshändig sind?
10. Wer von diesen sechs Personen ist wahrscheinlich selbständig, und wer ist angestellt?
11. Welche der sechs dargestellten Arbeiten würden Sie am liebsten tun? Warum?

Ausgangspunkte

12. Nennen Sie einen Vor- und einen Nachteil davon, selbständig zu sein!
13. Was ist ein Zimmermann?
14. Was haben ein Koch und ein Fleischer gemeinsam?
15. Ein Schuster macht heute nur noch selten Schuhe. Was tut er vor allem?
16. Bei welchen Gewerben trägt man eine Schürze?
17. Wie unterscheidet sich ein Lohn von einem Gehalt?
18. Wie lange dauert ein normaler Arbeitstag und wie lange eine normale Arbeitswoche in den Vereinigten Staaten?
19. Was versteht man unter Überstunden?
20. Welche der sechs Personen bekommt wohl den höchsten Stundenlohn?

Diskussionsthemen

1. Ich arbeite (nicht) gern mit den Händen.
2. Wie man kochen (...nähen, ...bauen, ...anstreichen) lernt.
3. Warum der Koch (die Köchin) entlassen wurde.

Sich Vorstellen und Diskutieren

Imagine that the six workers on the preceding page have a discussion about their jobs, their wages, and their employers. One of the six is self-employed.

Enact this discussion in German.

to collect **sammeln**
to keep, preserve **auf•bewahren**
to magnify **vergrößern**
to revolve (about), rotate (about) **sich drehen (um), kreisen (um)**
to examine **untersuchen**
to identify **identifizieren**
to observe **beobachten**

eternal **ewig**
something else **etwas anderes**
suitable **geeignet**

hobby, pastime **das Hobby, -s; der Zeitvertreib, -e; die Freizeitbeschäftigung, -en**
collector **der Sammler, -;** *f.* **-in**
numismatics, coin collecting **die Numismatik, das Münzensammeln**
philately, stamp collecting **die Philatelie, das Briefmarkensammeln**
coin **die Münze, -n**
denomination **der Nennwert, -e**
stamp **die (Brief)Marke, -n**
box **die Schachtel, -n**
case, holder **das Futteral, -e**
magnifying glass **das Vergrößerungsglas, ¨-er, die Lupe, -n**
table, desk **der Tisch, -e**
astronomer **der Astronom, -en;** *f* **-in**
amateur astronom, stargazer **der Sterngucker, -;** *f.* **-in**

telescope **das Teleskop, -e; das Fernrohr, -e**
sky, heaven **der Himmel**
earth **die Erde**
sun **die Sonne, -n**
moon **der Mond, -e**
star **der Stern, -e**
planet **der Planet, -en, (Merkur, Venus, die Erde, Mars, Jupiter, Saturn, Uranus, Neptun, Pluto)**
solar system **das Sonnensystem, -e**
constellation **die Konstellation, -e**
axis **die Achse, -n**
cloud **die Wolke, -n**
shadow **der Schatten, -**
rocket **die Rakete, -n**
group **die Gruppe, -n**
stool **der Hocker, -**
phonograph record **die (Schall) Platte, -n**
phonograph record player **der Plattenspieler, -**

cover, jacket (of a phonograph record) **die (Platten) Hülle, -n**
carpet, rug **der Teppich, -e**
domestic animal **das Haustier, -e**
cat **die Katze, -n**
dog **der Hund, -e**
water **das Wasser**
tank (for fish) **das Aquarium, Aquarien**
fish **der Fisch, -e**
thermometer **das Thermometer, -**
temperature **die Temperatur, -en**
oxygen **der Sauerstoff**
oxygen supply **die Sauerstoffzufuhr**
bubble **die Blase, -n**
country (nation) **das Land, -er**
universe **das Weltall**
(outer) space **der Weltraum**
movement **die Bewegung, -en**
infinity **die Unendlichkeit**
curious person **der/die Neugierige, -n, -n**

Hobbys

45

Analyse der Zeichnung

1. Der Sammler untersucht die Münzen. Mit welchem Instrument untersucht er sie?
2. Münzen gibt man in Futterale. Wo bewahrt man diese Futterale auf?
3. Warum liegen neben den Münzen Bücher auf dem Tisch?
4. Was tut die Frau, die auf dem Hocker sitzt?
5. Warum ist die Nacht zum Studium des Himmels geeignet?
6. Beschreiben Sie das Bild, auf dem man eine Katze sieht!
7. Wem gehört die Katze?
8. Was sammeln die zwei älteren Leute?
9. Warum braucht ein Aquarium Sauerstoffzufuhr?
10. Wozu dient das Thermometer?

Ausgangspunkte

11. Erklären Sie den Unterschied zwischen Philatelie und Numismatik!
12. Nennen Sie die Nennwerte der Münzen, die man in Ihrem Land benutzt!
13. Erklären Sie den Unterschied zwischen einem Vergrößerungsglas und einem Teleskop!
14. Die Erde ist ein Planet. Was ist die Sonne?
15. Die Erde dreht sich um die Sonne und auch um ihre eigene Achse. Erklären Sie die Bewegung des Mondes!
16. Was ist das Sonnensystem?
17. Was ist eine Konstellation?
18. Welches Haustier haben Sie am liebsten? Warum?
19. Was ist ein Aquarium?
20. Was sammeln Sie? Wenn Sie nichts sammeln, was für ein Hobby haben Sie?

Diskussionsthemen

1. Mein Hobby.
2. Haustiere.
3. Die Vorteile von einem Hobby, wo man Sachen sammelt. Die Vorteile von einem Hobby, wo man Sachen nur beobachtet.

Sich Vorstellen und Diskutieren

Most people have collected something or have a favorite pastime. By asking one another questions, elicit your classmates' hobbies or pastimes and how they got started.

Enact this discussion in German.

to tinker, putter, assemble **basteln**
to build **bauen**
to hammer **hämmern**
to saw **sägen**
to screw **fest•schrauben**
to cut **schneiden***
to hang up, suspend **auf•hängen**
to hang *(intr.)* **hängen***
to hang *(tr.)* **hängen**
to chop **hacken**
to drill *(a hole)* **bohren**
to turn **drehen**
toi level **ebnen**
to hold **halten***
to be of (no) use **(nichts) nützen**
to produce **erzeugen**
to succeed **gelingen***
to exist **bestehen***

at the same time **gleichzeitig**
versatile, many-sided **vielseitig**
first (of all) **zuerst**
last (finally, in the end) **zuletzt**
handy **geschickt**
handy around the house **handwerklich begabt**
either...or **entweder...oder**

"do-it-yourselfer" **der Bastler, -;** *f.* **-in**
workbench **die Werkbank, ¨e**
tool **das Werkzeug, -e**
hammer **der Hammer, ¨**
saw **die Säge, -n**
hacksaw **die Metallsäge, -n**
screw **die Schraube, -n**
screwdriver **der Schraubenzieher, -**
vise **der Schraubstock, ¨e**
lathe **die Drehbank, ¨e**
nail **der Nagel, ¨**
plane **der Hobel, -**
wrench **der Schraubenschlüssel, -**
metal **das Metall, -e**
oilcan **das Olkännchen, -**
jar **das Glas, ¨er; die Dose, -n**
wood **das Holz** *(no pl. here)*
hardwood **das Hartholz**
oak **die Eiche, -n**
softwood **das Weichholz**
pine **die Kiefer, -n**
splinter **der Splitter, -**
shavings (of wood) **die Späne** *(pl.)*

pliers **die Zange, -n**
crowbar **das Brecheisen, -**
hatchet **das Beil, -e**
shears **die große Schere, -n**
wire **der Draht, ¨e**
chisel **der Meißel, -**
level **die Wasserwaage, -n**
bit **das Bohreisen, -**
sand paper **das Sandpapier, das Schmirgelpapier**
brace, clamp **die Klammer, -n**
T square **das Winkeleisen, -**
nut **die (Schrauben) Mutter, -n**
bolt **der Bolzen, -**
drill **der Bohrer, -**
tool cabinet **der Werkzeugschrank, ¨e**
glue **der Leim**
size **die Größe, -n**
hole **das Loch, ¨er**
construction **der Bau**
hobby **das Hobby, -s; das Steckenpferd, -e**

piece **das Stück, -e**
use **die Anwendung, -en; der Gebrauch, ¨e**

Die Bastler

46

Analyse der Zeichnung

1. Woran bauen der Bastler und die Bastlerin?
2. Was ist in den Gläsern?
3. Was liegt auf der Werkbank?
4. Welche Werkzeuge hängen im Werkzeugschrank?
5. Mit welcher der Sägen würde der junge Mann Metall sägen? Womit würde er Draht schneiden?
6. Welches vielseitige Werkzeug ist nicht auf dem Bild zu sehen?
7. Was hat der Mann beim Bau des Hauses wohl zuerst und was zuletzt benutzt: den Hobel, die Säge oder das Schmirgelpapier?
8. Welches Werkzeug wird den beiden Bastler beim Bau des Hauses wahrscheinlich nicht nützen?
9. Woran erkennen Sie, daß die Bastler entweder den Meißel oder den Hobel benützt haben?

Ausgangspunkte

10. Welche Holzart ist leicht zu sägen?
11. Wofür benutzt man ein Beil?
12. Was sind Späne, und wie werden sie erzeugt?
13. Was versteht man unter einem Bastler?
14. Wozu benutzt man einen Schraubstock?
15. Mit welchem Werkzeug hämmert man auf einen Nagel?
16. Wofür benutzt man eine Klammer und ein Bohreisen? Warum gibt es verschiedene Größen von Bohreisen?
17. Welches Werkzeug wird für Schrauben gebraucht?
18. Nennen Sie ein Hartholz und ein Weichholz!
19. Worin bestehen die Ähnlichkeiten in der Anwendung eines Schraubenschlüssels, einer Zange, einer Klammer und eines Schraubstocks? eines Meißels und eines Hobels? eines Hammers und eines Beils?
20. Welches Werkzeug muß mit beiden Händen gleichzeitig gehalten werden?

Diskussionsthemen

1. Wie man...baut.
2. Werkzeuge und ihr Gebrauch.
3. Das eine Mal, wo ich etwas reparieren/bauen wollte, und es ist mir nicht gelungen.

Sich Vorstellen und Diskutieren

Having moved from a cramped, rented apartment, a young family has just bought its first house. It is an older home that needs some work, and is spacious enough to include an area for a workbench and cabinets. While in an apartment, the family had no tools, but now that they have a place to keep them—and soon may need them—they have decided to purchase some.

In German, enact the family's discussion about tools and which ones they will probably need.

to make the beds **die Betten machen**
to clean **sauber•machen, putzen**
to wash (dishes) **spülen, ab•waschen***
to dry **(ab)trocknen**
to scrub **scheuern, schrubben**
to sweep **fegen, kehren**
to perpare (food) **zu•bereiten**
to cook **kochen**
to iron **bügeln**
to perform, do **verrichten, erledigen**
to protect **schützen, schonen**
to vacuum **staub•saugen**
to dust **staub•putzen**

dirty **schmutzig**
clean **sauber, rein**
right-handed **rechsthändig**
tired **müde**
broken **kaputt, zerbrochen**
finished **beendet, zu Ende erledigt**
on (the very) top **oben auf, zuoberst**
even if **auch wenn**
by hand **mit der Hand**

domestic chore **die Hausarbeit, -en**
home, household **der Haushalt, -e**
hired help **das Dienstpersonal**
bed **das Bett, -en**
sheet **das Laken, -; das Bettuch, ¨er**
mattress **die Matratze, -n**
pillow **das Kissen, -**
pillowcase **der (Kissen)Bezug, ¨e**
blanket **die (Bett)Decke, -n**
bedspread **die Tagesdecke, -n**
plate **der Teller, -**
pot **der Topf, ¨e**
dishes **das Geschirr**
(frying) pan **die (Brat)Pfanne, -n**
handle (of a pan) **der Griff, -e; der Henkel, -**
grease **das Fett**
sin **das Spülbecken, -**
kitchen table **der Küchentisch, -e**
automatic dishwasher **die Geschirrspülmaschine, -n**
water **das Wasser**
trash, garbage **der Müll**
garbage disposal **der Müllschlucker, -**
draining rack *(for dishes)* **das Abtropfgestell, -e**
underwear **die Unterwäsche**
dishwashing detergent **das Spülmittel**
cleaner **das Reinigungsmittel, -**
clothesline **die Wäscheleine, -n**
(automatic) clothes dryer **der Wäschetrockner, -**
floor **der Fußboden, ¨**
rug, carpet **der Teppich, -e**
vacuum cleaner **der Staubsauger, -**
broom **der Besen, -**
dustpan **die Kehrrichtschaufel, -n**
dusting brush **der Handfeger, -**
wastebasket **der Papierkorb, ¨e**
bucket **der Eimer, -**
brush **die Bürste, -n**
garbage can **der Mülleimer, -**
sofa **das Sofa, -s**
stool **der Hocker, -**
glove **der Handschuh, -e**

Hausarbeiten

47

Analyse der Zeichnung

1. Welche Hausarbeiten müssen jeden Tag verrichtet werden?
2. Welche Hausarbeiten können wahrscheinlich am schnellsten erledigt werden?
3. Bei welchen zwei Hausarbeiten würde man Handschuhe tragen? Warum?
4. Auf welchem Bild sehen Sie Kissen ohne Bezüge?
5. Was macht der Mann am Spülbecken?
6. Wozu dient ein Abtropfgestell?
7. Warum können Sie keinen Müllschlucker sehen, auch wenn es einen in einer der Zeichnungen gibt?
8. Welche Personen benützen ein Reinigungsmittel oder ein Spülmittel?
9. Wo liegen die Kehrrichtschaufel und der Handfeger?
10. Welcher der beiden Eimer ist für den Müll?
11. Was ist im anderen Eimer?

Ausgangspunkte

12. Wozu benutzt man ein Spülmittel?
13. Wann gebraucht man einen Staubsauger und wann eine Bürste?
14. Wozu wird ein Besen benutzt?
15. Beschreiben Sie den Unterschied zwischen einem Topf und einer Bratpfanne!
16. Für welche Hausarbeiten hätten Sie am liebsten Dienstpersonal? Warum?
17. Warum haben viele Haushalte eine Geschirrspülmaschine anstatt eines Abtropfgestells?
18. Was liegt zuoberst, nachdem das Bett gemacht ist?
19. Was liegt zwischen der Matratze und der Bettdecke?
20. Ihr Geschirr ist noch nicht abgewaschen (die Geschirrspülmaschine ist kaputt), der Fußboden ist schmutzig, die Betten sind noch nicht gemacht und die Kinder sind den ganzen Tag zu Hause. Was würden Sie tun?

Diskussionsthemen

1. Die Hausarbeit ist niemals zu Ende.
2. Wie man Betten macht.
3. Die moderne Hausarbeit.

Sich Vorstellen und Diskutieren

It is Saturday, and your parents are away for the day. You and your brothers and sisters have agreed to surprise them by cleaning the house, which is still in disarray from a party the night before. Difficulties arise with some of the tasks and a discussion ensues.

Enact this discussion in German.

to work **arbeiten**
to store **lagern, auf•bewahren**
to graze **weiden, grasen**
to cultivate **an•bauen**
to plant **(an) pflanzen**
to dig **graben***
to drive **fahren***
to plow **pflügen**
to hang up the wash **(die) Wäsche auf•hängen**
to open **öffnen**
to get along well (with) **gut aus•kommen* (mit)**
to feed **füttern**
to milk **melken***
to lead **führen**
to bark **bellen**
to bark (at) **an•bellen**
to run **laufen***
to run away **weg•laufen***
to spend (time) **verbringen***
to use **verwenden***
to take care (of) **sich kümmern (um +** *acc.***)**
to perform, do **erledigen**
to help **helfen***
it is a question of, it is a matter of **es handelt sich um (+***acc.***)**

the latter **dies-**
the former **jen-**

farm **der Bauernhof, ¨-e**
agriculture **die Landwirtschaft**
animal **das Tier, -e**
horse **das Pferd, -e**
stable **der Stall, ¨-e**
cow **die Kuh, ¨-e**
sheep **das Schaf, -e**
barn **die Scheune, -n**
duck **die Ente, -n**
goose **die Gans, ¨-e**
pond **der Teich, -e**
cat **die Katze, -n**
donkey **der Esel, -**
dog **der Hund, -e**
chicken **das Huhn, ¨-er**
hen **die Henne, -n**
turkey **der Truthahn, ¨-e**
farmer **der Bauer, -n, -n**
farmer's wife **die Bäuerin, -nen**
farm *(rural)* children **die Bauernkinder** *(pl.)*
field **das Feld, -er**
hay **das Heu**

tractor **der Traktor, -en; der Trecker, -**
fence **der Zaun, ¨-e**
wall (exterior) **die Mauer, -n**
gate **das Tor, -e**
post **der Pfosten, -**
garden tool **das Gartengerät, -e**
rake **der Rechen, -; die Harke, -n**
hoe **die Hacke, -n**
shovel **die Schaufel, -n**
stake **der Pfahl, ¨-e**
garden **der Garten, ¨**
vegetable **das Gemüse, -**
summer vacation **die Sommerferien** *(pl. only)*

Auf dem Bauernhof

48

Analyse der Zeichnung

1. Wieviele Leute sehen Sie auf dem Bild, und wer sind sie?
2. Beschreiben Sie die Arbeiten auf einem Bauernhof!
3. Wo befindet sich der Traktor, und wer sitzt darauf?
4. Was macht die Bäuerin gerade?
5. Was tut ihr Sohn?
6. Ist dieser Bauernhof groß oder klein? Erläutern Sie Ihre Antwort!
7. Wo sind die Enten und die Gänse?
8. Was tut die Kuh, und wo befindet sie sich?
9. Wo sind die Zäune und die Mauern?
10. Wo sitzt die Katze? Was tut sie gerade?
11. Welche Gartengeräte erkennen Sie, und wo sind sie?
12. Wo hat man Gemüse angepflanzt?
13. Wofür werden die Gartengeräte verwendet?
14. Warum bellt der Hund?
15. Wo sind die Hühner und die Truthähne?
16. Welche Tiere würden wahrscheinlich weglaufen, wenn die beiden Tore offen wären, und wohin würden sie laufen?
17. Was sagt das Pferd zum Schaf?
18. Woran erkennen wir, daß es sich um einen europäischen Bauernhof handelt?

Ausgangspunkte

19. Was ist der Unterschied zwischen einer Scheune und einem Stall?
20. Welche Tiere kommen auf einem Bauernhof im allgemeinen gut miteinander aus und welche nicht?

Diskussionsthemen

1. Vorteile und Nachteile des Lebens auf einem Bauernhof.
2. Probleme in der heutigen Landwirtschaft.
3. Warum ich meine Sommerferien am liebsten (nicht) auf einem Bauernhof verbringe.

Sich Vorstellen und Diskutieren

Imagine that all the animals in the illustration on the preceding page can talk. What would they say to one another?

Enact this discussion in German.

to see **sehen***
to sit **sitzen***
to approach **sich nähern**
to protect **schützen**
to eat *(animals)* **fressen***
to drink *(animals)* **saufen***
to climb **klettern**
to raise, lift **(hoch)heben***
to feed **füttern**
to visit **besuchen**
to escape **entkommen*, fliehen***
to take a picture **fotografieren**
to belong to **gehören**
to be located **sich befinden***
to fence in **ein•zaunen**

surely **sicherlich**
in addition **zusätzlich**

zoo **der Zoo, der Tiergarten**
cage **der Käfig, -e**
house for animals **das Tierhaus, ⸚er**
animal **das Tier, -e**
beast of prey **das Raubtier, -e**
feeding **die Fütterung, -en**
king **der König, -e**
lion **der Löwe, -n**
tiger **der Tiger, -**
monkey **der Alfe, -n**
bear **der Bär, -en**
elephant **der Elefant, -en**
gorilla **der Gorilla, -s**
giraffe **die Giraffe, -n**
wolf **der Wolf, -e**
deer **der Hirsch, -e**
fox **der Fuchs, -e**
camel **das Kamel, -e**
leopard **der Leopard, -en**
panther **der Panther, -**
zebra **das Zebra, -s**
hippopotamus **das Nilpferd, -e**
rhinoceros **das Nashorn, -er**
hyena **die Hyäne, -n**
antelope **die Antilope, -n**
gazelle **die Gazelle, -n**
alligator **der Alligator, -en**
snake **die Schlange, -n**
reptile **das Reptil, -ien**
fence **der Zaun, -e**
bars, railing **das Gitter; das Geländer**
fountain **der Brunnen, -**
bench **die Bank, ⸚e**
ditch **der Graben, ⸚e**
hill **der Hügel, -**
sign **das Schild, -er**
banana **die Banane, -n**
banana peel **die Bananenschale, -n**
meat **das Fleisch**
human being **das menschliche Lebewesen, -**
camera **die Kamera, -s**
balloon **der Luftballon, -s**
institution, establishment **die Einrichtung, -en**

Im Zoo

49

Analyse der Zeichnung

1. Wo ist der Affe? Was tut er gerade?
2. Was fressen die Affen besonders gern?
3. Wer hält eine Kamera in der Hand? Was tut sie gerade damit?
4. Wem gehört der Luftballon?
5. Warum hebt der Vater den Jungen hoch?
6. Wer sitzt auf der Bank?
7. Welche wilden Tiere sind nicht im Käfig?
8. Nennen Sie so viele Tiere wie Sie können, die nicht auf dem Bild zu sehen sind!
9. Wo befindet sich sicherlich ein Graben?
10. Welches Tier lebt im Tierhaus auf dem Hügel?
11. Mit wem spricht der kleine Junge im Vordergrund? Was sagt er wohl?

Ausgangspunkte

12. Wer ist der König der Tiere?
13. Welche Schilder sieht man normalerweise in zooligischen Gärten?
14. Welche Tiere fressen Fleisch und welche nicht?
15. Beschreiben Sie einen Zoo, den Sie besucht haben!
16. Was ist ein Käfig? Was ist ein Zaun?
17. Warum werden viele Käfige noch zusätzlich eingezäunt?
18. Was würden Sie tun, wenn ein Wolf aus seinem Käfig entkommen wäre?
19. Was sind die Unterschiede zwischen einem Elefanten und einem Gorilla?
20. Finden Sie, daß zoologische Gärten gute Einrichtungen sind? Warum? Warum nicht?

Diskussionsthemen

1. Nicht alle Affen sind im Zoo.
2. Ein Tag im Leben eines Tigers im Zoo.
3. Raubtierfütterung.

Sich Vorstellen und Diskutieren

In the illustration on the preceding page, imagine that the boy with the balloon, the woman with the camera, and the man and little boy at the fountain are a family. They are all having a good time, but they can't agree on what to do, where to go, and which animals to see next.

Enact the scene in German.

to forecast **vorhersagen, voraus sagen**
to shine **scheinen***
to snow **schneien**
to freeze **frieren***
to throw **werfen***
to melt **schmelzen***
to rain **regnen**
to fall **fallen***
to plant **(an)pflanzen**
to sow **säen**
to hoe **hacken**
to rake **(zusammen) rechen, harken**
to perspire, sweat **schwitzen**
to dig **graben***
to bloom **blühen**
to wipe **ab•wischen**
to play **spielen**
to convert **um•rechnen**
to experience **erleben**

damp, humid **feucht**
cloudy **bewölkt**
sunny **sonnig**
rainy **regnerisch**
simultaneously **gleichzeitig**
frozen **gefroren**
today's **heutig-**
tomorrow's **morgig-**
tomorrow **morgen**
favorite **liebst-**

weather **das Wetter**
climate **das Klima, -s**
season **die Jahreszeit, -en**
rain **der Regen, -**
rainbow **der Regenbogen, -**
snow **der Schnee**
snow flake **die Schneeflocke, -n**
snow ball **der Schneeball, ⸚e**
ice **das Eis**
cloud **die Wolke, -n**
hail **der Hagel**
thunder **der Donner**
lightning **der Blitz, -e**
wind **der Wind, -e**
storm **der Sturm, ⸚e**
thunderstorm **das Gewitter, -**
snowstorm **der Schneesturm, ⸚e**
hurricane **der Orkan, -e**
tornado **der Wirbelsturm, ⸚e**
(natural) phenomenon **die Naturerscheinung, -en**
characteristic **das Merkmal, -e**
seed **der Samen, -**

tulip **die Tulpe, -n**
tree **der Baum, ⸚e**
leaf **das Blatt, ⸚er**
rake **die Harke, -n; der Rechen, -**
hoe **die Hacke, -n**
furrow **die Furche, -n**
bird **der Vogel, ⸚**
region **die Gegend, -en**
temperature **die Temperatur, -en**
degree **der Grad, -e**
water-vapor **der Wasserdampf, ⸚e**
freezing point **der Gefrierpunkt, -e**
(32° Fahrenheit = 0° Celsius; F = 9/5 C + 32; C = [F-32] 5/9)
spring **der Frühling; das Frühjahr, -e**
summer **der Sommer, -**
fall **der Herbst, -e**
winter **der Winter, -**
ice cream **das (Speise)Eis**
face **das Gesicht, -er**
child **das Kind, -er**

Das Wetter

50

Analyse der Zeichnung

1. Woran erkennen Sie, daß das Bild links oben den Frühling zeigt?
2. Was tut der Mann mit der Hacke?
3. Was macht die Frau auf demselben Bild?
4. Wer hat gerade ein Eis gekauft?
5. Warum wischt der Mann sich das Gesicht ab?
6. Welches Bild stellt den Herbst dar? Woran erkennen Sie das?
7. Was machen die Jungen im Schnee?

Ausgangspunkte

8. Was ist Schnee, und was ist Eis?
9. Zu welcher Jahreszeit blühen die Tulpen?
10. Wo liegt der Gefrierpunkt des Wassers?
11. In welcher Jahreszeit sät man?
12. Beschreiben Sie das Klima der Gegend, in der Sie wohnen!
13. Welche Naturerscheinung sieht man, wenn es regnet und gleichzeitig die Sonne scheint?
14. Wann schmilzt der Schnee?
15. Wieviel Grad Celsius sind 95° Fahrenheit?
16. Wieviel Grad Fahrenheit sind 25° Celsius?
17. Wieviel Grad Fahrenheit, beziehungsweise Celsius haben wir heute?
18. Beschreiben Sie das heutige Wetter!
19. Sagen Sie das Wetter für morgen voraus!
20. Beschreiben Sie die Unterschiede zwischen Winter und Sommer!

Diskussionsthemen

1. Meine liebste Jahreszeit.
2. Der schlimmste Sturm, den ich je erlebt habe.
3. Klimatische Unterschiede in den Vereinigten Staaten.

Sich Vorstellen und Diskutieren

The weather is terrible! More than half your German class is absent, but there you are with some of your classmates. Naturally, the conversation turns to the weather. Take your time because your teacher is absent too.

Enact this situation in German.

to be born **geboren sein***
to die **sterben***
to live **leben**
to spend (time) **verbringen***
to marry **heiraten**
to be married **verheiratet sein***
to age, to grow old **alt werden***
to pray **beten**
to weep, cry **weinen**
to forget **vergessen***
to invite **ein•laden***
to talk **reden, sprechen***

protestant **evangelisch**
catholic **katholisch**
jewish **jüdisch**
happy **glücklich, selig**
sad **traurig**
deceased **tot**

human life cycle **das Menschenleben, -**
life **das Leben, -**
birth **die Geburt, -en**
death **der Tod, -e**
old age **der Lebensabend, -e**
period, epoch **der Abschnitt, -e**
youth, young people **die Jugend** (*sing. only*)
old age **das Alter**
retiree **der Rentner, -;** *f.* **-in**
(facial) expression **der Gesichtsausdruck**
husband **der (Ehe)Mann, ¨er**
wife **die (Ehe)Frau, -en**
father **der Vater, ¨**
mother **die Mutter, ¨**
baby **das Baby, -s**
marriage **die Ehe, -n**
divorce **die Scheidung, -en**
wedding **die Hochzeit, -en**
wedding day **der Hochzeitstag, -e**
bride **die Braut, ¨e**
groom **der Bräutigam, -e**
newlywed **der/die Jungverheiratete, -n, -n**
wedding ring **der Ehering, -e**
honeymoon **die Flitterwochen** *(pl. only)*; **die Hochzeitsreise, -n**
guest **der Gast, ¨e**
best man, groomsman **der Brautführer, -**
maid of honor **die Brautjungfer, -n**
Protestant **der Protestant, -en, -en;** *f.* **-in**
Catholic **der Katholik, -en, -en;** *f.* **-in**
Jew **der Jude, -n; die Jüdin, -nen**
church **die Kirche, -n**
temple *(Jewish)* **die Synagoge, -n**
priest **der Priester, -**
minister, pastor **der Pfarrer, -;** *f.* **-in**
rabbi **der Rabbiner, -**
widower **der Witwer, -**
widow **die Witwe, -n**
cemetery, graveyard **der Friedhof, ¨e**
funeral, burial **das Begräbnis, -se**
dead (man, woman) **der/die Tote, -n, -n**
coffin **der Sarg, ¨e**
grave **das Grab, ¨er**
tombstone **das Grabmal, ¨er**
mourner **der/die Trauernde, -n, -n**
umbrella **der Schirm, -e**
cloud **die Wolke, -n**
dream **der Traum, ¨e**
valley **das Tal, ¨er**
fall, autumn **der Herbst, -e**
spring **der Frühling; das Frühjahr, -e**

Das Menschenleben

51

Analyse der Zeichnung

1. Wo ist der Vater des Kindes?
2. Warum scheint die Mutter des Kindes glücklich zu sein?
3. Warum erscheint der Pfarrer zusammen mit der Braut und dem Bräutigam?
4. Wo findet Ihrer Ansicht nach die Hochzeit statt—in einer evangelischen Kirche, einer katholischen Kirche oder einer Synagoge? Warum?
5. Beschreiben Sie den Gesichtsausdruck der zwei älteren Leute!
6. In welchem Bild scheint es zu regnen?
7. Wo ist der Tote (die Tote)?
8. Warum finden Sie die Zeichnung des Begräbnisses traurig?
9. Nennen Sie die Abschnitte im Menschenleben, die auf den vier Bildern dargestellt sind!

Ausgangspunkte

10. Wo sind Sie geboren, und wo haben Sie den größten Teil Ihrer Jugend verbracht?
11. Was versteht man unter Flitterwochen?
12. Was würde geschehen, wenn der Bräutigam am Hochzeitstag den Ehering vergässe?
13. Was sind einige typische Probleme von Jungverheirateten?
14. Beschreiben Sie Ihre Hochzeit, wenn Sie verheiratet sind. Wenn Sie es nicht sind, warum nicht?
15. Möchten Sie die Flitterwochen zu Hause verbringen, oder würden Sie lieber auf eine Hochzeitsreise gehen?
16. Was ist eine Witwe?
17. Was tut man in einer Kirche oder Synagoge? Was tut man da nicht?
18. Was ist ein Friedhof?
19. Wozu dient ein Grabstein?
20. Welche Leute werden zu einer traditionellen Hochzeit eingeladen?

Diskussionsthemen

1. Die Probleme der Rentner.
2. Traditionelle Hochzeiten.
3. Scheidungen.

Sich Vorstellen und Diskutieren

Unfortunately, youth doesn't last and so goes the quotation «Herbst ist gekommen, Frühling ist weit. Gab es denn einmal eine selige Zeit?» You and a group of friends exchange thoughts about the present stages of your lives and your hopes for the future.

Enact this discussion in German.

to border (on + *acc.*) **grenzen (an)**
to have in common with **gemeinsam haben (mit)**
to choose, select **(aus)wählen**
to govern, rule **regieren**
to earn (money) **verdienen**
to spend (money) **aus•geben***
to be located **liegen***
to exist **bestehen***

communist **kommunistisch**
one (two, three)...each **je ein (zwei, drei), je einen (zwei, drei)**
close (closest) to **nahe (am nächsten) (+ *dat.*)**
with regard to **in Bezug auf (+ *acc.*)**
exclusively **ausschließlich**
constant, permanent **ständig**
well-known **bekannt**
high **hoch**
low **niedrig**

map **die (Land)Karte, -n**
location **die Lage, -n**
geography **die Geographie**
north **der Norden**
south **der Süden**
east **der Osten**
west **der Westen**
center **das Zentrum, Zentren; die Mitte, -n**
border **die Grenze, -n**
country **der Staat, -en; das Land, ¨er**
region **das Gebiet, -e**
city **die Stadt, ¨e**
Steel **der Stahl**
coal **die Kohle, -n**
iron **das Eisen**
capital **die Hauptstadt, ¨e**
republic **die Republik, -en**
democracy **die Demokratie, -n**
monarchy **die Monarchie, -n**
communism **der Kommunismus**
proletariat **das Proletariat**
fascism **der Faschismus**
dictatorship **die Diktatur, -en**
federal republic **die Bundesrepublik**

federal state **der Bundesstaat, -en; Bundesland, ¨er**
government **die Regierung, -en**
form of government **die Regierungsform, -en**
term, description **die Bezeichnung, -en**
law **das Gesetz, -e**
constitution **die Verfassung, -en; das Grundgesetz, -e** *(in der Bundesrepublik)*
parliament **das Parlament, -e**
upper house **der Bundesrat**
lower house **der Bundestag**
president **der Präsident, -en, -en; *f.* -in**
chancellor **der Bundeskanzler, -; *f.* -in**
head of state **das Staatsoberhaupt, ¨er**
emperor **der Kaiser, -; *f.* -in**
mountain **der Berg, -e**
mountain chain **die Gebirgskette, -n**
river **der Fluß, ¨sse**
island **die Insel, -n**

port **der Hafen, ¨**
coast, coastline **die Küste, -n**
industry **die Industrie, -n**
money **das Geld**
language **die Sprache, -n**
Germany **(das) Deutschland**
German **der/die Deutsche, -n, -n**
Federal Republic of Germany **die Bundesrepublik Deutschland (BRD)**
German Democratic Republic **die Deutsche Demokratische Republik (DDR)**
Switzerland **die Schweiz**
Austria **Österreich**
trip, journey **die Reise, -n**

Die Karte der Bundesrepublik und der DDR 52

Analyse der Zeichnung

1. Beschreiben Sie, wo Bayern und Nordrhein-Westfalen in der Bundesrepublik liegen!
2. Welche Stadt ist die Hauptstadt der Bundesrepublik und welche die der DDR? Wo liegen diese Städte?
3. An welchem Fluß liegt München und an welchem Dresden?
4. Was ist der Schwarzwald, und wo liegt er?
5. Welche Staaten grenzen an Bayern?
6. Nennen Sie je eine Insel, die zu der Bundesrepublik, beziehungsweise zu der DDR Gehört! Wo liegen sie?
7. Wo liegen die Oder und die Neiße? Erklären Sie die Bedeutung dieser Flüsse!
8. Nennen Sie die zehn Bundesländer der Bundesrepublik!
9. Beschreiben Sie, wo Magdeburg liegt!
10. Warum ist Weimar berühmt? Beschreiben Sie, wo diese Stadt liegt!
11. Nennen Sie die wichtigsten Häfen der Bundesrepublik und der DDR!
12. Was ist das Erzgebirge? Wo liegt es?
13. Die Ruhr ist nicht nur ein Fluß, sie ist auch ein Gebiet. Wofür ist dieses Gebiet bekannt?
14. Beschreiben Sie die Lage West-Berlins!
15. Welche sind die wichtigsten Flüsse in diesen beiden deutschen Staaten?

Ausgangspunkte

16. In welchen anderen Ländern spricht man Deutsch?
17. Welche Regierungsform hat die Bundesrepublik und welche die DDR? Welche Regierungsform hatte Deutschland vor dem Ersten, beziehungsweise dem Zweiten Weltkrieg?
18. Was ist eine Verfassung, und wie nennt man sie in der Bundesrepublik? Was bedeutet „Bundesrepublik"?
19. Was ist eine kommunistische Regierungsform? Was ist eine Diktatur?
20. In welchen Ländern spricht man mehr als eine Sprache?

Diskussionsthemen

1. Geographische Beschreibung von Baden-Württemberg.
2. Warum viele Touristen nach Bayern gehen.
3. Die Regierung der Bundesrepublik.

Sich Vorstellen und Diskutieren

You and a group of friends are going to take a trip together to Germany. Since part of the fun of a trip is planning it, you and your friends can begin enjoying yourselves right now. Each one should say where he or she wants to go and why.

Enact this discussion in German.

Anhang

Auxiliary Verbs (Hilfsverben)

haben	sein	werden
	PAST PARTICIPLE (PARTIZIP PERFEKT)	
gehabt	gewesen	geworden
	PRESENT INDICATIVE (PRÄSENS)	
ich habe	ich bin	ich werde
du hast	du bist	du wirst
er hat	er ist	er wird
wir haben	wir sind	wir werden
ihr habt	ihr seid	ihr werdet
sie haben	sie sind	sie werden
	SIMPLE PAST (PRÄTERITUM)	
ich hatte	ich war	ich wurde
du hattest	du warst	du wurdest
er hatte	er war	er wurde
wir hatten	wir waren	wir wurden
ihr hattet	ihr wart	ihr wurdet
sie hatten	sie waren	sie wurden
	FUTURE INDICATIVE (FUTUR)	
ich werde haben	ich werde sein	ich werde werden
du wirst haben	du wirst sein	du wirst werden
er wird haben	er wird sein	er wird werden
wir werden haben	wir werden sein	wir werden werden
ihr werdet haben	ihr werdet sein	ihr werdet werden
sie werden haben	sie werden sein	sie werden werden
	PRESENT PERFECT (PERFEKT)	
ich habe gehabt	ich bin gewesen	ich bin geworden
du hast gehabt	du bist gewesen	du bist geworden
er hat gehabt	er ist gewesen	er ist geworden
wir haben gehabt	wir sind gewesen	wir sind geworden
ihr habt gehabt	ihr seid gewesen	ihr seid geworden
sie haben gehabt	sie sind gewesen	sie sind geworden
	PAST PERFECT (PLUSQUAMPERFEKT)	
ich hatte gehabt	ich war gewesen	ich war geworden
du hattest gehabt	du warst gewesen	du warst geworden
er hatte gehabt	er war gewesen	er war geworden
wir hatten gehabt	wir waren gewesen	wir waren geworden
ihr hattet gehabt	ihr wart gewesen	ihr wart geworden
sie hatten gehabt	sie waren gewesen	sie waren geworden
	FUTURE PERFECT (VOLLENDETE ZUKUNFT)	
ich werde gehabt haben	ich werde gewesen sein	ich werde geworden sein
du wirst gehabt haben	du wirst gewesen sein	du wirst geworden sein
er wird gehabt haben	er wird gewesen sein	er wird geworden sein
wir werden gehabt haben	wir werden gewesen sein	wir werden geworden sein

FUTURE PERFECT (VOLLENDETE ZUKUNFT) (Continued)

ihr werdet gehabt haben	ihr werdet gewesen sein	ihr werdet geworden sein
sie werden gehabt haben	sie werden gewesen sein	sie werden geworden sein

PRESENT SUBJUNCTIVE 1 (1. KONJUNKTIV FÜR PRÄSENTISCHES GESCHEHEN)

ich habe	ich sei	ich werde
du habest	du seiest	du werdest
er habe	er sei	er werde
wir haben	wir seien	wir werden
ihr habet	ihr seiet	ihr werdet
sie haben	sie seien	sie werden

PRESENT SUBJUNCTIVE 2 (2. KONJUNKTIV FÜR PRÄSENTISCHES GESCHEHEN)

ich hätte	ich wäre	ich würde
du hättest	du wärest	du würdest
er hätte	er wäre	er würde
wir hätten	wir wären	wir würden
ihr hättet	ihr wäret	ihr würdet
sie hätten	sie wären	sie würden

PAST SUBJUNCTIVE 1 (1. KONJUNKTIV FÜR VOLLZOGENES GESCHEHEN)

ich habe gehabt	ich sei gewesen	ich sei geworden
du habest gehabt	du seiest gewesen	du seiest geworden
er habe gehabt	er sei gewesen	er sei geworden
wir haben gehabt	wir seien gewesen	wir seien geworden
ihr habet gehabt	ihr seiet gewesen	ihr seiet geworden
sie haben gehabt	sie seien gewesen	sie seien geworden

PAST SUBJUNCTIVE 2 (2. KONJUNKTIV FÜR VOLLZOGENES GESCHEHEN)

ich hätte gehabt	ich wäre gewesen	ich wäre geworden
du hättest gehabt	du wärest gewesen	du wärest geworden
er hätte gehabt	er wäre gewesen	er wäre geworden
wir hätten gehabt	wir wären gewesen	wir wären geworden
ihr hättet gehabt	ihr wäret gewesen	ihr wäret geworden
sie hätten gehabt	sie wären gewesen	sie wären geworden

FUTURE SUBJUNCTIVE (1. KONJUNKTIV FÜR KUNFTIGES GESCHEHEN)

ich werde haben	ich werde sein	ich werde werden
du werdest haben	du werdest sein	du werdest werden
er werde haben	er werde sein	er werde werden
wir werden haben	wir werden sein	wir werden werden
ihr werdet haben	ihr werdet sein	ihr werdet werden
sie werden haben	sie werden sein	sie werden werden

CONDITIONAL (2. KONJUNKTIV FÜR KUNFTIGES GESCHEHEN)

ich würde haben	ich würde sein	ich würde werden
du würdest haben	du würdest sein	du würdest werden
er würde haben	er würde sein	er würde werden
wir würden haben	wir würden sein	wir würden werden
ihr würdet haben	ihr würdet sein	ihr würdet werden
sie würden haben	sie würden sein	sie würden werden

IMPERATIV

habe!	sei!	werde!
habt!	seid!	werdet!
haben Sie!	seien Sie!	werden Sie!

Modal Auxiliaries (Modalverben)

dürfen	können	mögen	müssen	sollen	wollen
		PRESENT INDICATIVE (PRÄSENS)			
ich darf	kann	mag	muß	soll	will
du darfst	kannst	magst	mußt	sollst	willst
er darf	kann	mag	muß	soll	will
wir dürfen	können	mögen	müssen	sollen	wollen
ihr dürft	könnt	mögt	müßt	sollt	wollt
sie dürfen	können	mögen	müssen	sollen	wollen
		SIMPLE PAST (PRÄTERITUM)			
ich durfte	konnte	mochte	mußte	sollte	wollte
du durftest	konntest	mochtest	mußtest	solltest	wolltest
er durfte	konnte	mochte	mußte	sollte	wollte
wir durften	konnten	mochten	mußten	sollten	wollten
ihr durftet	konntet	mochtet	mußtet	solltet	wolltet
sie durften	konnten	mochten	mußten	sollten	wollten

FUTURE INDICATIVE (FUTUR)

ich werde dürfen (können, mögen, müssen, sollen, wollen), etc.

PRESENT PERFECT (PERFEKT)

ich habe gedurft (gekonnt, gemocht, gemußt, gesollt, gewollt), etc.

PAST PERFECT (PLUSQUAMPERFEKT)

ich hatte gedurft (gekonnt, gemocht, gemußt, gesollt, gewollt), etc.

FUTURE PERFECT (VOLLENDETE ZUKUNFT)

ich werde gedurft haben (gekonnt haben, gemocht haben, gemußt haben, gesollt haben, gewollt haben), etc.

PRESENT SUBJUNCTIVE 1 (1. KONJUNKTIV FÜR PRÄSENTISCHES GESCHEHEN)

ich dürfe	könne	möge	müsse	solle	wolle
du düfest	könnest	mögest	müssest	sollest	wollest
er dürfe	könne	möge	müsse	solle	wolle
wir dürfen	können	mögen	müssen	sollen	wollen
ihr dürfet	könnet	möget	müsset	sollet	wollet
sie dürfen	können	mögen	müssen	sollen	wollen

PRESENT SUBJUNCTIVE 2 (2. KONJUNKTIV FÜR PRÄSENTISCHES GESCHEHEN)

ich dürfte (könnte, möchte, müßte, sollte, wollte), etc.

PAST SUBJUNCTIVE 1 (1. KONJUNKTIV FÜR VOLLZOGENES GESCHEHEN)

ich habe gedurft (gekonnt, gemocht, gemußt, gesollt, gewollt), etc.

PAST SUBJUNCTIVE 2 (2. KONJUNKTIV FÜR VOLLZOGENES GESCHEHEN)

ich hätte gedurft (gekonnt, gemocht, gemußt, gesollt, gewollt), etc.

CONDITIONAL (2. KONJUNKTIV FÜR KUNFTIGES GESCHEHEN)

ich würde dürfen (können, mögen, müssen, sollen, wollen), etc.

Weak (Regular) and Strong (Irregular) Verbs (Schwache und Starke Verben)

ACTIVE (AKTIV)

INFINITIVE (INFINITIV)

kaufen	fahren

PRESENT PARTICIPLE (PARTIZIP PRÄSENS)

kaufend	gefahren

PRESENT INDICATIVE (PRÄSENS)

ich kaufe	ich fahre
du kaufst	du fährst
er kauft	er fährt
wir kaufen	wir fahren
ihr kauft	ihr fahrt
sie kaufen	sie fahren

SIMPLE PAST (PRÄTERITUM)

ich kaufte	ich fuhr
du kauftest	du furhst
er kaufte	er fuhr
wir kauften	wir fuhren
ihr kauftet	ihr fuhrt
sie kauften	sie fuhren

FUTURE INDICATIVE (FUTUR)

ich werde kaufen	ich werde fahren
du wirst kaufen	du wirst fahren
er wird kaufen	er wird fahren
wir werden kaufen	wir werden fahren
ihr werdet kaufen	ihr werdet fahren
sie werden kaufen	sie werden fahren

PRESENT PERFECT (PERFEKT)

ich habe gekauft	ich bin gefahren
du hast gekauft	du bist gefahren
er hat gekauft	er ist gefahren
wir haben gekauft	wir sind gefahren
ihr habt gekauft	ihr seid gefahren
sie haben gekauft	sie sind gefahren

PAST PERFECT (PLUSQUAMPERFEKT)

ich hatte gekauft	ich war gefahren
du hattest gekauft	du warst gefahren
er hatte gekauft	er war gefahren
wir hatten gekauft	wir waren gefahren
ihr hattet gekauft	ihr wart gefahren
sie hatten gekauft	sie waren gefahren

FUTURE PERFECT (VOLLENDETE ZUKUNFT)

ich werde gekauft haben	ich werde gefahren sein
du wirst gekauft haben	du wirst gefahren sein
er wird gekauft haben	er wird gefahren sein
wir werden gekauft haben	wir werden gefahren sein
ihr werdet gekauft haben	ihr werdet gefahren sein
sie werden gekauft haben	sie werden gefahren sein

PRESENT SUBJUNCTIVE 1 (1. KONJUNKTIV FÜR PRÄSENTISCHES GESCHEHEN)

ich	kaufe	ich	fahre
du	kaufest	du	fahrest

PRESENT SUBJUNCTIVE 1 (1. KONJUNKTIV FÜR PRÄSENTISCHES GESCHEHEN) (Continued)

er kaufe	er fahre
wir kaufen	wir fahren
ihr kaufet	ihr fahrt
sie kaufen	sie fahren

PRESENT SUBJUNCTIVE 2 (2. KONJUNKTIV FÜR PRÄSENTISCHES GESCHEHEN)

ich kaufte	ich führe
du kauftest	du führest
er kaufte	er führe
wir kauften	wir führen
ihr kauftet	ihr führet
sie kauften	sie führen

IMPERATIVE (IMPERATIV)

kaufe!	fahre!
kauft!	fahrt!
kaufen Sie!	fahren Sie!

PAST SUBJUNCTIVE 1 (1. KONJUNKTIV FÜR VOLLZOGENES GESCHEHEN)

ich habe gekauft	ich sei gefahren
du habest gekauft	du seiest gefahren
er habe gekauft	er sei gefahren
wir haben gekauft	wir seien gefahren
ihr habet gekauft	ihr seiet gefahren
sie haben gekauft	sie seien gefahren

PAST SUBJUNCTIVE 2 (2. KONJUNKTIV FÜR VOLLZOGENES GESCHEHEN)

ich hätte gekauft	ich wäre gefahren
du hättest gekauft	du wärest gefahren
er hätte gekauft	er wäre gefahren
wir hätten gekauft	wir wären gefahren
ihr hättet gekauft	ihr wäret gefahren
sie hätten gekauft	sie wären gefahren

CONDITIONAL (2. KONJUNKTIV FÜR KUNFTIGES GESCHEHEN)

ich würde kaufen	ich würde fahren
du würdest kaufen	du würdest fahren
er würde kaufen	er würde fahren
wir würden kaufen	wir würden fahren
ihr würdet kaufen	ihr würdet fahren
sie würden kaufen	sie würden fahren

PASSIVE (PASSIV)

INFINITIVE (INFINITIV)

geliebt werden	gesehen werden

PRESENT INDICATIVE (PRÄSENS)

ich werde geliebt	ich werde gesehen
du wirst geliebt	du wirst gesehen
er wird geliebt	er wird gesehen
wir werden geliebt	wir werden gesehen
ihr werdet geliebt	ihr werdet gesehen
sie werden geliebt	sie werden gesehen

SIMPLE PAST (PRÄTERITUM)

ich wurde geliebt	ich wurde gesehen
du wurdest geliebt	du wurdest gesehen
er wurde geliebt	er wurde gesehen
wir wurden geliebt	wir wurden gesehen
ihr wurdet geliebt	ihr wurdet gesehen
sie wurden geliebt	sie wurden gesehen

FUTURE INDICATIVE (FUTUR)

ich werde geliebt werden	ich werde gesehen werden
du wirst geliebt werden	du wirst gesehen werden
er wird geliebt werden	er wird gesehen werden
wir werden geliebt werden	wir werden gesehen werden
ihr werdet geliebt werden	ihr werdet gesehen werden
sie werden geliebt werden	sie werden gesehen werden

PRESENT PERFECT (PERFEKT)

ich bin geliebt worden	ich bin gesehen worden
du bist geliebt worden	du bist gesehen worden
er ist geliebt worden	er ist gesehen worden
wir sind geliebt worden	wir sind gesehen worden
ihr seid geliebt worden	ihr seid gesehen worden
sie sind geliebt worden	sie sind gesehen worden

PAST PERFECT (PLUSQUAMPERFEKT)

ich war geliebt worden	ich war gesehen worden
du warst geliebt worden	du warst gesehen worden
er war geliebt worden	er war gesehen worden
wir waren geliebt worden	wir waren gesehen worden
ihr wart geliebt worden	ihr wart gesehen worden
sie waren geliebt worden	sie waren gesehen worden

FUTURE PERFECT (VOLLENDETE ZUKUNFT)

ich werde geliebt worden sein	ich werde gesehen worden sein
du wirst geliebt worden sein	du wirst gesehen worden sein
er wird geliebt worden sein	er wird gesehen worden sein
wir werden geliebt worden sein	wir werden gesehen worden sein
ihr werdet geliebt worden sein	ihr werdet gesehen worden sein
sie werden geliebt worden sein	sie werden gesehen worden sein

PRESENT SUBJUNCTIVE 1 (1. KONJUNKTIV FÜR PRÄSENTISCHES GESCHEHEN)

ich werde geliebt	ich werde gesehen
du werdest geliebt	du werdest gesehen
er werde geliebt, etc.	er werde gesehen, etc.

PRESENT SUBJUNCTIVE 2 (2. KONJUNKTIV FÜR PRÄSENTISCHES GESCHEHEN)

ich würde geliebt	ich würde gesehen
du würdest geliebt	du würdest gesehen
er würde geliebt, etc.	er würde gesehen, etc.

PAST SUBJUNCTIVE 1 (1. KONJUNKTIV FÜR VOLLZOGENES GESCHEHEN)

ich sei geliebt worden	ich sei gesehen worden
du seiest geliebt worden	du seiest gesehen worden
er sei geliebt worden, etc.	er sei gesehen worden, etc.

PAST SUBJUNCTIVE 2 (2. KONJUNKTIV FÜR VOLLZOGENES GESCHEHEN)

ich wäre geliebt worden	ich wäre gesehen worden
du wärest geliebt worden	du wärest gesehen worden
er wäre geliebt worden, etc.	er wäre gesehen worden, etc.

CONDITIONAL (2. KONJUNKTIV FÜR KÜNFTIGES GESCHEHEN)

ich würde geliebt werden	ich würde gesehen werden
du würdest geliebt werden	du würdest gesehen werden
er würde geliebt werden	er würde gesehen werden

Reflexive Verbs (Reflexive Verben)

sich fürchten	sich helfen
PRESENT (PRÄSENS)	
ich fürchte mich	ich helfe mir
du fürchtest dich	du hilfst dir
er fürchtet sich	er hilft sich
wir fürchten uns	wir helfen uns
ihr fürchtet euch	ihr helft euch
sie fürchten sich	sie helfen sich

For the formation of other tenses, follow the conjugations on pages 109-111.

Irregular Verbs (Starke Verben)

INFINITIVE (INFINITIV)	SIMPLE PAST (PRÄTERITUM)	PAST PARTICIPLE (PARTIZIP PERFEKT)	3rd SG. PRES. (3. PERS. SING.)
backen *(bake)*	backte	gebacken	bäckt
befehlen *(command)*	befahl	befohlen	befiehlt
beginnen *(begin)*	begann	begonnen	
beißen *(bite)*	biß	gebissen	
bersten *(burst)*	barst	ist geborsten	birst
betrügen *(deceive)*	betrog	betrogen	
beweisen *(prove)*	bewies	bewiesen	
biegen *(bend)*	bog	gebogen	
bieten *(offer)*	bot	geboten	
binden *(bind)*	band	gebunden	
bitten *(beg, request)*	bat	gebeten	
blasen *(blow)*	blies	geblasen	bläst
bleiben *(remain, stay)*	blieb	ist geblieben	
braten *(roast)*	briet	gebraten	brät
brechen *(break)*	brach	gebrochen	bricht
bringen *(bring, take)*	brachte	gebracht	
denken *(think)*	dachte	gedacht	
dringen *(penetrate)*	drang	ist gedrungen	
empfangen *(receive)*	empfing	empfangen	empfängt
erlöschen *(go out, become extinct [light, flame])*	erlosch	ist erloschen	
erscheinen *(appear)*	erschien	ist erschienen	
erschrecken *(be startled)*	erschrak	ist erschrocken	erschrickt
essen *(eat)*	aß	gegessen	ißt
fahren *(drive, ride)*	fuhr	(ist) gefahren	fährt
fallen *(fall)*	fiel	ist gefallen	fällt
fangen *(catch)*	fing	gefangen	fängt
fechten *(fence, fight)*	focht	gefochten	ficht
finden *(find)*	fand	gefunden	
flechten *(plait, braid)*	flocht	geflochten	flicht
fliegen *(fly)*	flog	(ist) geflogen	
fliehen *(flee)*	floh	ist geflohen	
fließen *(flow)*	floß	ist geflossen	
fressen *(eat)*	fraß	gefressen	frißt
frieren *(be cold; freeze)*	fror	(ist) gefroren	

INFINITIVE (INFINITIV)	SIMPLE PAST (PRÄTERITUM)	PAST PARTICIPLE (PARTIZIP PERFEKT)	3rd SG. PRES. (3. PERS. SING.)
gären (*ferment*)	gor (gärte)	ist gegoren (gegärt)	
gebären (*give birth to*)	gebar	geboren	gebiert
geben (*give*)	gab	gegeben	gibt
gedeihen (*thrive*)	gedieh	ist gediehen	
gefallen (*please*)	gefiel	gefallen	gefällt
gehen (*go*)	ging	ist gegangen	
gelingen (*succeed*)	gelang	ist gelungen	
gelten (*be worth, be considered*)	galt	gegolten	gilt
genesen (*recover*)	genas	ist genesen	
genießen (*enjoy*)	genoß	genossen	
geschehen (*happen*)	geschah	ist geschehen	geschieht
gestehen (*confess*)	gestand	gestanden	
gewinnen (*win*)	gewann	gewonnen	
gießen (*pour*)	goß	gegossen	
gleichen (*resemble*)	glich	geglichen	
gleiten (*slide, slip*)	glitt	ist geglitten	
graben (*dig*)	grub	gegraben	gräbt
greifen (*grasp, grip*) ·	griff	gegriffin	
haben (*have*)	hatte	gehabt	hat
halten (*hold; stop*)	hielt	gehalten	hält
hängen (*hang*)	hing	gehangen	hängt
hauen (*beat; hew*)	hieb	gehauen	
heben (*lift, raise*)	hob	gehoben	
heißen (*be called*)	hieß	geheißen	
helfen (*help*)	half	geholfen	hilft
kennen (*know*)	kannte	gekannt	
klingen (*sound, ring*)	klang	geklungen	
kneifen (*pinch*)	kniff	gekniffen	
kommen (*come*)	kam	ist gekommen	
kriechen (*creep, crawl*)	kroch	ist gekrochen	
laden (*load*)	lud	geladen	lädt
lassen (*let; cause*)	ließ	gelassen	läßt
laufen (*run*)	lief	ist gelaufen	läuft
leiden (*suffer*)	litt	gelitten	
leihen (*lend*)	lieh	geliehen	
lesen (*read*)	las	gelesen	liest
liegen (*lie, be lying*)	lag	gelegen	
lügen (*tell a lie*)	log	gelogen	
mahlen (*grind*)	mahlte	gemahlen	
meiden (*avoid*)	mied	gemieden	
melken (*milk*)	molk (melkte)	gemolken (gemelkt)	
messen (*measure*)	maß	gemessen	mißt
nehmen (*take*)	nahm	genommen	nimmt
nennen (*name, call*)	nannte	genannt	
pfeifen (*whistle*)	pfiff	gepfiffen	
raten (*advise; guess*)	riet	geraten	rät
reiben (*rub*)	rieb	gerieben	
reißen (*tear, rend*)	riß	gerissen	
reiten (*ride horseback*)	ritt	(ist) geritten	
rennen (*run*)	rannte	ist gerannt	
riechen (*smell*)	roch	gerochen	
ringen (*struggle, wrestle*)	rang	gerungen	
rufen (*call*)	rief	gerufen	
saufen (*drink*)	soff	gesoffen	
saugen (*suck*)	sog (saugte)	gesogen (gesaugt)	

INFINITIVE (INFINITIV)	SIMPLE PAST (PRÄTERITUM)	PAST PARTICIPLE (PARTIZIP PERFEKT)	3rd SG. PRES. (3. PERS. SING.)
schaffen (*create*)	schuf	geschaffen	
scheiden (*part*)	schied	geschieden	
scheinen (*shine; seem*)	schien	geschienen	
schelten (*scold*)	schalt	gescholten	schilt
scheren (*schear*)	schor	geschoren	
schieben (*push*)	schob	geschoben	
schießen (*shoot*)	schoß	geschossen	
schalfen (*sleep*)	schlief	geschlafen	schläft
schlagen (*beat, hit, strike*)	schlug	geschlagen	schlägt
schleichen (*sneak*)	schlich	ist geschlichen	
schleifen (*sharpen*)	schliff	geschliffen	
schließen (*close*)	schloß	geschlossen	
schmeißen (*throw*)	schmiß	geschmissen	
schmelzen (*melt*)	schmolz	(ist) geschmolzen	schmilzt
schneiden (*cut*)	schnitt	geschnitten	
schreiben (*write*)	schrieb	geschrieben	
schreien (*shout, scream*)	schrie	geschrie(e)n	
schreiten (*stride*)	schritt	ist geschritten	
schweigen (*be silent*)	schwieg	geschwiegen	
schwellen (*swell*)	schwoll	ist geschwollen	schwillt
schwimmen (*swim*)	schwamm	(ist) geschwommen	
schwinden (*disappear, dwindle*)	schwand	(ist) geschwunden	
schwingen (*swing*)	schwang	geschwungen	
schwören (*swear*)	schwor (schwörte)	geschworen (geschwört)	
sehen (*see*)	sah	gesehen	sieht
sein (*be*)	war	ist gewesen	ist
senden (*send*)	sandte (sendete)	gesandt (gesendet)	
singen (*sing*)	sang	gesungen	
sinken (*sink*)	sank	ist gesunken	
sinnen (*meditate*)	sann	gesonnen	
sitzen (*sit*)	saß	gesessen	
speien (*spit*)	spie	gespie(e)n	
spinnen (*spin*)	spann	gesponnen	
sprechen (*speak*)	sprach	gesprochen	spricht
sprießen (*sprout*)	sproß	ist gesprossen	
springen (*jump*)	sprang	ist gesprungen	
stechen (*prick, sting*)	stach	gestochen	sticht
stehen (*stand*)	stand	gestanden	
stehlen (*steal*)	stahl	gestohlen	stiehlt
steigen (*climb, ascend*)	stieg	ist gestiegen	
sterben (*die*)	starb	ist gestorben	stirbt
stinken (*stink*)	stank	gestunken	
stoßen (*push*)	stieß	gestoßen	stößt
streichen (*stroke; paint*)	strich	gestrichen	
streiten (*fight, quarrel*)	stritt	gestritten	
tragen (*carry; wear*)	trug	getragen	trägt
treffen (*meet; hit*)	traf	getroffen	trifft
treiben (*drive*)	trieb	getrieben	
treten (*kick; step*)	trat	(ist) getreten	tritt
trinken (*drink*)	trank	getrunken	
tun (*do*)	tat	getan	
verbergen (*hide*)	verbarg	verbogen	verbirgt
verbieten (*forbid*)	verbot	verboten	
verderben (*spoil*)	verdarb	verdorben	verdirbt
vergessen (*forget*)	vergaß	vergessen	vergißt
verlieren (*lose*)	verlor	verloren	

INFINITIVE (INFINITIV)	SIMPLE PAST (PRÄTERITUM)	PAST PARTICIPLE (PARTIZIP PERFEKT)	3rd SG. PRES. (3. PERS. SING.)
vermeiden (*avoid*)	vermied	vermieden	
vermögen (*be able*)	vermochte	vermocht	vermag
verzeihen (*forgive; excuse*)	verzieh	verziehen	
wachsen (*grow*)	wuchs	ist gewachsen	wächst
waschen (*wash*)	wusch	gewaschen	wäscht
weben (*weave*)	wob (webte)	gewoben (gewebt)	
weisen (*show, point to*)	wies	gewiesen	
wenden (*turn*)	wandte (wendete)	gewandt (gewendet)	
werben (*solicit, recuit*)	warb	geworben	wirbt
werben (um) (*court*)	warb	geworben	wirbt
werden (*become, get*)	wurde	ist geworden	wird
werfen (*throw*)	warf	geworfen	wirft
wiegen (*weigh*)	wog	gewogen	
winden (*wind*)	wand	gewunden	
wissen (*know*)	wußte	gewußt	weiß
ziehen (*pull; go, march*)	zog	(ist) gezogen	
zwingen (*force*)	zwang	gezwungen	

Personal Pronouns (Persönliche Pronomen)

SINGULAR (SINGULAR)

NOM.	ich	du	er	sie	es	man
GEN.	(meiner)	(deiner)	(seiner)	(ihrer)	(seiner)	—
DAT.	mir	dir	ihm	ihr	ihm	einem
ACC.	mich	dich	ihn	sie	es	einen

PLURAL (PLURAL)

NOM.	wir	ihr	sie	Sie
GEN.	(unserer)	(euerer)	(ihrer)	(Ihrer)
DAT.	uns	euch	ihnen	Ihnen
ACC.	uns	euch	sie	Sie

Interrogative Pronouns *wer* and *was* (Interrogative Pronomen)

NOM.	wer	was
GEN.	wessen	—
DAT.	wem	—
ACC.	wen	was

Der-Words (*der* Wörter)

dieser	*this*	mancher	*many a*
jeder	*each, every* (plural; alle)	solcher	*such a*
jener	*that*	welcher	*which, what*

Declension of *der* and *dieser* (Deklination von *der* und *dieser*)

SINGULAR (SINGULAR)

der	die	das	dieser	diese	dieses
des	der	des	dieses	dieser	dieses
dem	der	dem	diesem	dieser	diesem
den	die	das	diesen	diese	dieses

PLURAL - ALL GENDERS (PLURAL - ALLE GESCHLECHTER)	
die	diese
der	dieser
den	diesen
die	diese

Declension of *der* and *welcher* as Relative Pronouns (Deklination von *der* und *welcher* als Relativpronomen)

SINGULAR (SINGULAR) PLURAL (PLURAL)

der	die	das	welcher	welche	welches
dessen	deren	dessen	—	—	—
dem	der	dem	welchem	welcher	welchem
den	die	das	welchen	welche	welches

PLURAL - ALL GENDERS (PLURAL - ALLE GESCHLECHTER)	
die	welche
deren	—
denen	welchen
die	welche

Ein Words (*Ein*-Wörter)

ein	*a, an*	unser	*our*
kein	*not a, no*	euer	*your*
mein	*my*	ihr	*their*
dein	*your*	Ihr	*your* (conventional)
sein	*his, its*		
ihr	*her, its*		
sein	*its*		

Declension of *ein*-Words (Deklination von *ein*-Wörter)

SINGULAR (SINGULAR)

ein	eine	ein
eines	einer	eines
einem	einer	einem
einen	eine	ein

PLURAL - ALL GENDERS (PLURAL - ALLE GESCHLECHTER)

keine
keiner
keinen
keine

Declension of *ein*-Words Used as Pronouns (declined like *der*) (Deklination von *ein*-Wörter als Pronomen) (dekliniert wie *der*)

SINGULAR (SINGULAR)

einer	eine	eines
eines	einer	eines
einem	einer	einem
einem	einer	einem
einen	eine	eines

PLURAL - ALL GENDERS (PLURAL - ALLE GESCHLECHTER)

keine
keiner
keinen
keinen
keine

Strong Adjective Endings (not preceded by *der-* or *ein-*word) (Starke Deklination) (ohne vorhergehendes *der-* oder *ein-*wort)

SINGULAR (SINGULAR)

gut**er** Kaffee	heiß**e** Suppe	kalt**es** Wasser
gut**en** Kaffees	heiß**er** Suppe	kalt**en** Wasser
gut**em** Kaffee	heiß**er** Suppe	kalt**em** Wasser
gut**en** Kaffee	heiß**e** Suppe	kalt**es** Wasser

PLURAL (PLURAL)

gut**e** Männer (Frauen, Kinder)
gut**er** Männer (Frauen, Kinder)
gut**en** Männern (Frauen, Kindern)
gut**e** Männer (Frauen, Kinder)

Weak Adjective Endings (after *der-*word) (Schwache Deklination) (nach einem *der-*wort)

SINGULAR (SINGULAR)

der groß**e** Mann	die schön**e** Frau	das klein**e** Kind
des groß**en** Mannes	der schön**en** Frau	des klein**en** Kindes
dem groß**en** Mann	der schön**en** Frau	dem klein**en** Kind
den groß**en** Mann	die schön**e** Frau	das klein**e** Kind

PLURAL (PLURAL)

die gut**en** Männer (Frauen, Kinder)
der gut**en** Männer (Frauen, Kinder)
den gut**en** Männern (Frauen, Kindern)
die gut**en** Männer (Frauen, Kinder)

Adjective Endings After *ein-*Words (Adjektivendungen nach *ein-*wörten)

SINGULAR (SINGULAR)

ein groß**er** Mann	eine schön**e** Frau	ein klein**es** Kind
eines groß**en** Mannes	einer schön**en** Frau	eines klein**en** Kindes
einem groß**en** Mann	einer schön**en** Frau	einem klein**en** Kind
einen groß**en** Mann	eine schön**e** Frau	ein klein**es** Kind

PLURAL (PLURAL)

keine gut**en** Männer (Frauen, Kinder)
keiner gut**en** Männer (Frauen, Kinder)
keinen gut**en** Männern (Frauen, Kindern)
keine gut**en** Männer (Frauen, Kinder)

Prepositions Used with the Genitive (Präpositionen mit dem Genitiv)

anstatt, statt	*instead of*	diesseits	*this side of*
trotz	*in spite of*	jenseits	*that side of*
um...willen	*for the sake of*	oberhalb	*above*
während	*during*	unterhalb	*below*
wegen	*because of*	innerhalb	*within*
		außerhalb	*outside of*

Prepositions used with the Dative (Präpositionen mit dem Dativ)

aus	*out of*	mit	*with*
außer	*besides, except*	nach	*after, to, according to*
bei	*near, at (someone's house)*	seit	*since, for (temporal)*
entegegen	*toward*	von	*from, by*
gegenüber	*opposite, toward*	zu	*to*

Prepositions Used with the Accusative (Präpositionen mit dem Akkusativ)

bis	*to, until*		
durch	*through, by means of*	ohne	*without*
für	*for*	um	*around, at (time)*
gegen	*against*	wider	*against*

Prepositions Used with the Dative or Accusative (Präpositionen mit dem Dativ und Akkusativ)

an	*on, at, to*	über	*over, above, via*
auf	*on, upon*	unter	*under, among*
hinter	*behind*	vor	*before, in front of*
in	*in, into*	zwischen	*between*
neben	*beside, next to*		

Numerals (Zahlen)

CARDINALS (KARDINAL ZAHLEN)	ORDINALS (ORDINAL ZAHLEN)
0 null	
1 eins	der, die, das erste
2 zwei	zweite
3 drei	dritte
4 vier	vierte
5 fünf	fünfte
6 sechs	sechste
7 sieben	siebte
8 acht	achte
9 neun	neunte
10 zehn	zehnte
11 elf	elfte
12 zwölf	zwölfte
13 dreizehn	dreizehnte
14 vierzehn	vierzehnte
15 fünfzehn	fünfzehnte
16 sechzehn	sechzehnte
17 siebzehn	siebzehnte
18 achtzehn	achtzehnte
19 neunzehn	neunzehnte
20 zwanzig	zwanzigste
21 einundzwanzig	einundzwanzigste
22 zweiundzwanzig	zweiundzwanzigste
30 dreißig	dreißigste
40 vierzig	vierzigste
50 fünfzig	fünfzigste
60 sechzig	sechzigste
70 siebzig	siebzigste
80 achtzig	achtzigste
90 neunzig	neunzigste
100 hundert	hundertste
101 hunderteins	hunderterste
121 hunderteinundzwanzig	hunderteinundzwanzigste
200 zweihundert	zweihundertste
1000 tausend	tausendste

one million	eine Million
two million	zwei Millionen
one billion	eine Milliarde
one trillion	eine Billion